次代をブレずに
生き抜く!

豊かな人生を創る
心の魔力

なぜ、名経営者たちは
「心」と「宇宙」を
語るのか

平田由幸 著

セルバ出版

はじめに

小学生のタクちゃんが、あなたに駆け寄ってきました。そして、「ねえねえ〝心〟ってなぁに？……」と尋ねられます。なんでも、先生やお母さんから「〝心〟を大切にするように」とよく言われるそうですが、その理由がわからないそうです。

皆さんなら、タクちゃんに何と答えるでしょうか？

例えば、京セラの名誉会長や日本航空の名誉顧問も務める稲盛 和夫氏であれば、『人生のすべては、自分の〝心〟が映し出すんだよ』と答えるでしょう。つまり、「タクちゃんの目の前の現実や人生は、すべてタクちゃんの〝心〟が創り出すから大切なんだよ」と。おそらく、皆さんが稲盛氏に質問しても、同じ答えが返ってくるでしょう。

どうでしょう、『目の前の現実は、例外なくあなたの〝心〟が創っている』と言われて、素直に納得できるでしょうか？

「イヤ、そんなことはない！」、「もっと、こうなって欲しいと思っているのに、それとはほど遠い！」……と、言い返したくなる方も多いでしょう。私も、十数年前はそんな1人でした。

しかし、稲盛氏ばかりか、多くの著名人や経営者、また先哲と呼ばれるような人たちも、表現は多少違っていても、皆同じようなことを語っています。その事実を見れば、そこに何となく1つの真理があるような気がしてきます。しかし、その理由や仕組みを明示したものはほとんど見当たらず、当時技術者であった私は、なかなか得心することができませんでした。

そこで、「〝心〟が目の前の現実を創る」仕組みについて、様々な探求をしてきた結果、その仕組みを科学的な側面からも理解することができました。また、「フォーカス力」と「自己復帰力」を高めることで、心に思い描いた望みの実現が早まることもわかりました。

本書では、最新の科学（脳科学、量子力学、生物学…など）と、私の体験を交えながら、心が現実をつくる仕組みについてわかりやすくご紹介します。きっと、本書を読み終える頃には、今皆さんが〝心〟について抱いている様々な疑問も解消されていることでしょう。

また、最終章で学ぶ、心の働きを高めるトレーニングを実践することで、実際に皆さんの望みの実現が加速していくことになるでしょう。

なお、「直ぐにでも現実に変化を起こしたい」、「忙しくて全部読むには時間が…」という方は、まず第8章だけ読み、実際にトレーニングを始めてみてください。

心が現実を創り出す仕組みを理解し、体得すれば、蔓延する病気や目覚ましく進展するＡＩなんて全く恐れるに足りません。そればかりか、皆さんの人生がより豊かで、より充実したものになっていくことでしょう。

それでは、いざ〝心〟の不思議な世界へ…

２０２１年４月

平田　由幸

次代をブレずに生き抜く！　豊かな人生を創る心の魔力
——なぜ、名経営者たちは「心」と「宇宙」を語るのか　目次

はじめに

第1章　豊かな人生とは何だろう？

1　巻き戻せない時間の流れ・12
2　理想的な自己とは・14
3　天井を見つめた父の思い・17
4　死の直前に人が最も多く後悔すること・20
5　豊かな人生を送るための秘訣・21
6　霧に包まれた望み・24

7 なぜ、望みどおりにならないのか・26

第2章 そもそも〝心〟とは何か

1 心の重要性を紐解く「名経営者と先哲が語る心とは」・30
2 心の守備範囲・35
3 心の機能と性質・38
4 心に影響を与える2つの存在・40
5 心の重層構造・45

第3章 〝心〟が現実を創る仕組み

1 どちらが本物の世界？・48
2 想念から物質へ・51
3 心が物質の状態を変える・54
4 エネルギーとは何か？・58

5　エネルギーが伝わる〝場（field）〟の仕組み・63
6　なぜ人によってエネルギーの伝わり方が変わるのか？・66
7　最終的に現実を創る決定的要素・72

第4章　捉えどころがない気ままな〝心〟の性質

1　ワクワクが止まらない夢見る心・76
2　何が心の自由を奪うのか？・80
3　なぜ、名経営者たちは僧侶をメンターに持つのか？・84
4　七変化する欲求レベル・86
5　欲求を生み出す思念の基盤と心の関係・91
6　心を揺さぶる自我（エゴ）とは何か・95
7　自我（エゴ）への対処・105

第5章　〝脳〟と〝心〟と〝体〟の三角関係

1　意味づけする脳・110

2　価値観というプログラム・113
3　驚くべき脳の社会と決裁システム・116
4　私たちの行動はどのように決まるのか・124
5　心の介入・129
6　体も見事に心に従う・133

第6章　〝心〟はどこから来て、どこへ去っていくのか

1　誰もが感じる疑問・140
2　死についての数々の証言・142
3　不滅の「魂」は存在するのか・146
4　生まれかわりはあるのか・150
5　この世界に再び戻ってくる理由・153
6　今の状況は誰のせい？・158
7　人生の真の目的・163

第7章　〝心〟と宇宙の繋がり

1　心と宇宙の関係性「名経営者と先哲が語る宇宙とは」・172
2　宇宙と繋がった偉人たち・177
3　宇宙と繋がるコツ・182
4　限りない可能性へのアクセス・184
5　私たちの常識を覆す世にも奇妙な量子の振舞い・189
6　心の凄いポテンシャル・194
7　結局「心」とは何か・200
8　豊かな人生を創造する心のあり方・202

第8章　現実を加速する〝心〟のトレーニング（付録）

1　望みの実現を早める心のトレーニングの全体像・208
2　［心トレ1］望みの明確化（望み観る）・210
3　［心トレ2］望みのシンボル化（定める）・212
4　［心トレ3］望みの自己宣言・自己復帰（留まる）・214

5 ［心トレ4］心の奥を省察する（省り観る）・218
6 ［心トレ5］フォーカス力を高める（留まる）・222
7 最後に「純粋な望みの力」・230

あとがき

参考書籍・238

【注釈】本文中の人名に「※」印をつけてあるものは、巻末に参考書籍を、著者名の五十音順で記載してあります。

第1章　豊かな人生とは何だろう？

1　巻き戻せない時間の流れ

何気ない休日の夕方

心の話を始める前に、「人生における豊かさ」について少し考えてみたいと思います。

「長い休みが終わり、また明日から会社が始まろうとしている休日の夕方」、最近のこんな場面で、皆さんはどんなことを思っていたでしょうか？　少し回想してみてください。

「よくやった」と充実感に浸っていたかもしれません。もしくは、「思いどおりに過ごせなかった」と悔しい思いをしていたかもしれません。あるいは、「前回の休みはよかったけど、今回の休みは計画どおりいかなかったなぁ」と感じていたかもしれません。

いずれにしても、休日を振り返りながら、「次はもっとこうしよう」と感じている方が多いのではないでしょうか？　そして、次の休みがまた始まろうとしています。今度の休みの最後の日に、皆さんは「何を思っているでしょうか？」。

この世には、大きく分けると2種類の人がいます。1年で48週間分の新たな経験を積み重ねる人と、1週間分の同じ経験を48回繰り返している人です。

皆さんが、「充実した豊かな人生を生きたい！」と本気で望むのであれば、どちらを選択する必要があるかは、火を見るよりも明らかなハズです。

「後悔などあろうはずがない」と語ったイチロー

２０１９年3月21日、日本で行われたメジャーリーグの開幕戦を最後に、イチロー選手が現役を引退しました。その引退記者会見で、記者から「思い残すことはないですか？」と聞かれたイチロー選手は、次のようにキッパリと答えました。

『今日のあの、球場での出来事……、あんなもの見せられたら……後悔などあろうはずがありません。まぁ、もちろん、もっとできたことはあると思いますけど、結果を残すために自分なりに重ねてきたこと、人よりも頑張ったということはとても言えないですけれども、そんなことは全くないですけれども、自分なりに頑張ってきたということはハッキリと言えるので。これを重ねてきて……まぁ、重ねることでしか後悔を生まない、ということはできないんではないかと思います』。

なお、イチロー選手は、人一倍ルーチンを大切にしていたことでも有名なので、もしかすると「何かを変える」こととは無縁だったように感じる方が多いかもしれません。しかし、彼は、結果がよくても悪くても、変化を起こすために、毎年、毎年、必ず何かを変えることを自分に課していたそうです。時に、その変化が後退を招いたこともあったそうです。また、直ぐに結果に繋がらなかったことも多かったそうです。それでも、『後から振り返ると、あの時の経験が生きたということが何度もあった』と語っています。

最終的に50歳まで現役を続けるという目標は果たせませんでしたが、それでも彼の表情は充実感に溢れていました。豊かなプロ野球人生を送ったことが、誰の目にも明らかに映ったハズです。

また、それを実現できた理由は、本人が答えているように、「他人と比べてではなく、自分なりに納得できるまでやれた」という点に何かヒントがありそうです。

2　理想的な自己とは

理想と実際の自己とのギャップが後悔を生み出す

コーネル大学のトーマス・ギロビッチ教授は、心理学の観点から後悔について複数の研究を行ってきました。その1つ、2017年に発表した研究レポート「The Ideal Road Not Taken: The Self-Discrepancies Involved in People's Most Enduring Regrets」の中で、『私たちを最も苦しめる後悔は、「理想の自己」として生きることができなかった後悔である』と述べています。

このレポートでは、「自己不一致論」に基づき、自己を次の3つに分け、後悔が生まれる仕組みやその程度、後悔の性質などについて説明しています。

① 現実自己：現在の能力や属性に基づき、自分はこうであると考える自己。
② 義務自己：義務や責任に基づき、自分はこうあるべきだと考えている自己。
③ 理想自己：いつか獲得したい能力や達成したい目標に基づき、自分はこうなりたいと望んでいる自己。

そして、まず人々の傾向として、「自分の目標や願望を達成できなかったこと（理想関連の後悔）

よりも、自分の義務や責任を果たせなかったこと（べき論関連の後悔）に対処するほうが手っ取り早いので、理想に関する後悔は後回しにされて、解決されずに残る可能性が高くなる」そうです。

他方、「失敗したことややるべきこと（義務）を果たせなかったことは、それほど心を悩ませ続けることはない」と述べています。なぜなら、失敗したことは、一時的には後悔を感じますが、立ち直って、「人生の学びや教訓」にして次に活かすことができます。また、やるべきことをやらなかったことは、相手がいれば謝罪することもできますし、次の場面で行動を正すこともできます。

しかし、思い描いている「理想の自己」に向けて、行動を取らなかったこと、挑戦しなかったことは、後から埋め合わせることが難しいため、深い後悔に繋がりやすくなるそうです。

先ほどの休みの最終日のことを考えてみても、「思い描いていた休日の実現に向けて実際の行動が取れなかった」と感じる度合いが大きければ大きいほど、後悔もまた比例して大きくなっているのではないでしょうか。

マズローが伝えたかった本当の欲求段階説

人間の持つ欲求を階層的に表したアブラハム・マズロー※の「マズローの欲求段階説」という理論があります。経営論やモチベーション理論に絡めて紹介されることも多いので、1度は耳にしたことがあるかもしれません。

簡単に説明すると、次のような理論になります。

「人間の欲求は、ピラミッド状の階層構造になっていて、底辺から上に向かって順に、①生理的欲求、②安全欲求、③所属欲求、④尊厳欲求、⑤自己実現欲求、の5階層からなっている。他方、欲求は満たされることで欲求ではなくなり、下のほうにあるより基本的な低次欲求が満たされて、初めてより高次の欲求が出現してくる。そして、最後に、一番上の自己実現欲求を追い求め始める」。

このように、一般的には下層から順番に欲求が満たされていくという説明が多いのですが、マズロー自身はいくつかの点で少し異なる主張をしています。

まず、『④尊厳欲求に至るまでの4つの欲求は、足りないものを満たす欠乏欲求（D欲求）であるのに対し、⑤自己実現欲求は、1人ひとりの人間のかけがえのない存在そのものに関わる欲求（B欲求）であり、性質の異なる欲求だ』としています。

また、『D欲求は生物的な強い本能が働いているのに対し、B欲求は生物的基礎がないわけではないが弱い本能に基づいているに過ぎない。このため、欲求は、必ずしも決まった順序で出現するわけではなく、仮に下層の欲求が満たされなくても、自己実現を追求することはあり得る』としています。

この点については、生活に大変苦労しながらも、プロの芸人やミュージシャン、スポーツ選手など、生きがいを見出したものに向かい邁進している人が大勢いることを見れば、確かに頷けます。

自己実現にモチベーションは必要ない

他方、『モチベーションとは、自分たちに欠けている基本的な欲求を満足するために努力することであり、D欲求以下で成り立つ概念である。一方で、B欲求である自己実現のレベルでは、外部から動機づけられて努力しているのではなく、内発的に潜在能力を十分に活用したり、才能や能力を開拓している状態。あるいは、自分のなし得る最善を尽くしている状態である』としています。

どうも、マズローのいう本当の自己実現とは、「何か明確にこうです」と答えられる類のものではなく、「自分がよりよく生きることを追求している状態」であり、生涯をかけてじっくり取り組むべき課題の1つであるように思えてきます。

確かに、「自己実現とは何か？」と質問されて、明確に「こうです」と答えることは難しいし、もし「身近な人が自己実現した場面を紹介してください」とお願いされても、明確に思い浮かべられる方は少ないのではないでしょうか。

以上、ここまでを纏めると、「思い描いている自己に近づくための行動を怠っている、あるいは近づいてる実感がない」と感じる場面では、多くの人が後悔を感じるようです。逆に、これらの実感が少しでもあれば、「豊かで充実した人生を歩んでいる状態」だと言えるのかもしれません。

3　天井を見つめた父の思い

病状の急変

２００８年8月12日。私は、病院にいました。その日も朝から代わるがわる、いろんな人たちが見舞いに訪れてくれましたが、父は2日前からずっと昏睡状態のままで、一向に目を覚まそうとはしません。

半年前の人間ドックで、レベル4の癌と診断されたものの、入院したのは最初の放射線治療をした10日間ほどで、その後は容態が急変する1週間前まで、これまでと同じように会社に行き、農作業までしていました。

半年前に診断結果を聞いたときから覚悟していたとはいえ、普通に生活しているそんな状況を見ながら、「もしかするとこのまま癌が進行せずにまだ何年も生きられるのではないか」という期待すら感じ始めていた時期でした。

それだけに、いざこういう状況になると、「もっとこうしておけばよかった」、「ああしておけばよかった」ということが次々と思い浮かんでは消えていきます。

最後に見舞いに訪れた近所の人たちが帰ると、病室は静けさを取り戻しました。それから30分ほど経ったとき、心拍数や血中酸素量を示すモニターの数値が急激に下がり始めました。タイミングが悪いことに、母も兄弟も先ほど一時帰宅してしまったばかりです。直ぐに携帯電話をかけて呼び戻し、必死に父の耳元で声をかけ続けます。「お母さんや、姉ちゃん、弟もすぐに戻って来るから、もう少し頑張ってね」と。

それから10分ほど経つと、突然父の目がパッと開き、病室に残っていた叔母と私を見て必死に何かを語りかけてきます。声は出ていませんでしたが、叔母には「お礼」を、私には「後を頼む」ということを伝えようとしていることがハッキリわかりました。私も、必死で「これまで、ありがとう、ありがとう……」と感謝を伝えました。

深い後悔の表情

私たちへの思いを伝え終わると、今度は病院の天井を見つめ始めました。天を仰ぎながらこれまでの人生を1つずつ回想している様子で、その表情は満足感に溢れているというより、終始後悔を感じているように見えました。

戦争によって9歳のときに父（祖父）を亡くすと、未だ幼かった妹や弟の父親代わりになって、学校から帰ってくると農作業に勤しみ、兄弟の面倒を見て母（祖母）を支えてきました。そのため、兄弟からの信頼も厚く、いくつになってもお互いの家を頻繁に行き来していました。また、高校を卒業して暫くすると、知人と事業を興し、30年以上にわたり会社経営にも携わってきました。さらに、後年には議員を4期務め地域振興にも尽力してきたことから、社員や地域の方からも慕われ、敬われるような存在でした。

私には、そんな父が「何をそんなに後悔することがあるのか？」見当もつきませんでした。しかし、その表情からは明らかに深い後悔が感じ取れました。

その後、暫くして電話で呼び戻した家族が病室に到着すると、間もなく72歳の人生に幕を下ろしました。

4　死の直前に人が最も多く後悔すること

やった後悔よりやらなかった後悔

実は、父だけでなく、死に際しては、後悔を感じる人のほうが圧倒的に多いようです。

緩和ケア看護師として数多くの患者の最期に立ち会ってきたブロニー・ウェア※は、患者が最後に彼女に伝えた思いを著書「死ぬ瞬間の5つの後悔」の中にまとめています。

それによると、多くの人が次のような5つの後悔を感じながらこの世を去っていくそうです。

①　自分に正直な人生を生きればよかった。

②　働き過ぎなければよかった。

③　思い切って自分の気持ちを伝えればよかった。

④　友人と連絡を取り続ければよかった。

⑤　幸せを諦めなければよかった。

最初に挙げた後悔は、最も代表的なもので、例えば「グレース」の場合、死に直面して初めて、やりたいことをやる強さを持てなかったことを後悔し、自分に腹を立てていました。世間体を気にして他人に期待されるとおりに生きてきたことは、自分が選んできた道でしたが、先を恐れて何もできなかったことに気づいたのです。

グレースは、最後に、『自分に正直に生きてちょうだい。他人にどう思われるかなんて気にしないで』という言葉をブロニーに遺しました。

父も、グレースと同じようなことを感じていたのかもしれません。また、もしかすると1つの後悔というより、回想していた1つひとつの出来事に対して、異なる後悔を抱いていたのかもしれません。

今となっては確認する術もありませんが、何れにしても後悔を抱きながら、この世を後にしていく人があまりにも多いようです。

5　豊かな人生を送るための秘訣

スティーブ・ジョブズの習慣

アップルの創設者で、２０１１年に亡くなったスティーブ・ジョブズは、２００５年のスタンフォード大学の卒業式のスピーチの中で、17歳のときから続けている習慣について、次のように話しています。

『私が17歳のとき、私は次のような句を読みました。「もし、あなたが毎日を人生最後の日のように生きるなら、いつかまさしく、そのとおりになる」。それは、とても私の印象に残りました。それ以来33年間、私は毎朝鏡をのぞき込み、自分に問いかけました。「もし、今日が人生最後の日だったら、私は今日しようとしていることをしたいと思うだろうか?」と。そして、答えがNOの日が、何日も続くようなら、私は何かを変える必要があります。(中略) 自分はいずれ死ぬのだと考えることは、私が人生において大きな選択をするときに自分を助けてくれる、今までに出会った最高のツールです。なぜなら、ほとんどすべてのこと、すなわちすべての外部の期待、すべてのプライド、恥じをかくことや失敗へのすべての恐れなど、これらのことは死を前にすれば、何でもなくなり、本当に重要なことだけが残るからです。自分はいずれ死ぬのだと思うことは、あなたが失う何かを持っているという思考の罠を避ける最高の方法です。あなたは既に裸であり、自分の心に従わない理由はないのです』。

言われてみれば当たり前のことかもしれませんが、死に際しての後悔を避けるためには、ジョブズのように死を意識しながら日々の選択を行い、その選択に従って生きることが重要だと言えそうです。

また、ジョブズだけでなく、「死を意識しながら日々を生きる」という習慣は、多くの偉人にも共通しているようです。

自分の葬儀をイメージする

スティーブン・R・コヴィー※は、成功について書かれた200年分の文献を調べ、その中からとくに重要だと思われる共通要素を著書「7つの習慣」の中にまとめました。1996年に出版された同書は、世界で３０００万部以上の大ベストセラーとなり、今もなお多くの人に読まれ続けています。

同書の第2の習慣「目的を持って始める」の中で、『もし、はしごをかけ間違えていれば、1段ずつ登るごとに間違った場所に早く辿り着くだけである』と前置きをした上で、『自分の葬儀が行われる場面を思い浮かべ、家族、友人、仕事の人、コミュニティー（自治会やサークル）の人、4人がそれぞれ述べる弔事の中で、自分をどのように語ってもらいたいか？　を具体的に想像する』ように促しています。

そして、この想像を通じ、『人生の中で何がもっと大切なのか？　どうなりたいのか？　何をしたいのか?を真剣に考える。それにより、常日頃から自分の考え方と価値観を見つめ続け、人生の中で自分の実際の生活を、その価値観と継続的に合致させていく』ことをすすめています。

死を意識しながら過ごした４年間

私は、かつてある晩とても鮮明に自分が死ぬ夢を見たことがありました。年月と時刻までハッキリと決まっているのです。自分でも初めての体験で、大きな衝撃を受けました。暫くの間は、何をやっても死のことが頭をよぎり、多くのことが手につきませんでしたが、次第に落ち着きを取り戻し、「残された時間をどう生きるか」ということを真剣に考えるようになっていきました。

そして、まずは、遺書を書き、それからスマホに「カウントダウン」アプリをインストールして、死の宣告日をセットすると、〝目覚めた時〟、〝日中2回〜3回〟、そして〝夜寝る前〟にそれを見て、残された時間を意識しながら、「本当に自分のやりたい人生を生きているだろうか」と自問自答する日々を4年ほど続けた時期がありました。

死を意識すると、不思議と迷いが少なくなり、決断と行動の質やスピードが上がります。また、意味なく固執している物事にも気づけるようになります。私は、この時期に多くの不要なものを手放し、そして多くの望みを実現することができました。

この経験からしても、ジョブズやコヴィーが言うように、人生を豊かにするために、死を真剣に意識することはとても強力に機能します。

6　霧に包まれた望み

あなたは「どんな人生をお望みですか？」

この質問にハッキリと答えられる人は本当に幸せだと思います。直ぐに答えられる方は少ないのではないでしょうか。少し、質問を変えて、「あなたの望みを何でも叶えてあげるから、話してごらん」と言われても、きっと多くの方が戸惑うことでしょう。それぐらい、自分の望みをハッキリと知覚するのは難しいことです。その理由は主に2つ考えられます。

1つ目は、そうした問いかけを普段から自分自身にしていないためです。イスラエルでは、子供の物心がつき始める3～4歳頃になると、親はことあるごとに「お前は、この人生で何を成し遂げたいのか？」という質問をする家庭が多いそうです。

直ぐに答えられるような質問ではありませんし、小さい頃は質問の意味すら十分に理解できないでしょう。それでも、何度も何度も同じ質問を繰り返しているうちに、次第に子供自身が折に触れ、この質問に対して自問自答を始めるそうです。

そして、20歳前後になると、おぼろげながらに人生の方向性を見出すと言います。質問を繰り返しながら、自分の内側を見つめる機会を意図的に設けることが、「自分がどんな人生を望むのか」という質問の答えを見つける1つの重要なカギになると言えそうです。

〝迷〟と〝道〟

2つ目の理由は、「生存」と結びついています。以前、参加した座禅会で住職がこんな話をしてくれました。

『漢字の〝之《しんにょうへん》〟には、〝生き様〟という意味があります。〝迷〟という字は、〝米〟に〝之〟と書きますが、すなわち、食うことを優先する〝生き様〟。そのような状況では自ずと迷いが多くなります。一方、〝道〟というのは、〝首〟をかけた〝生き様〟。いったん、食うことから離れて、本心から望んでいることを見つめれば〝道〟は自ずと見えてきます』。

人間も動物ですから、どうしても本能的に生き延びることを優先しがちになります。これは、決して悪いことではありませんが、この傾向が強くなり過ぎると、自分が本当に望んでいることを見出すのが難しくなっていきます。

いったん、食べることや経済的なことを脇において、本当に自分が望んでいることを見つめてみることが、答えを見つけるもう1つの重要なカギと言えそうです。

7　なぜ、望みどおりにならないのか

心に望みを思い描く

人生という観点で、望みを尋ねられると答えに窮してしまう人でも、日常生活を送る中でいくつかの望みは持っていることでしょう。あるいは、解消したい悩みや問題を抱えているハズです。

例えば、「仕事の状況」、「周囲の人たちとの関係」、「手に入れたいもの」、「達成したいこと」…等々。どんな、些細なことでもかまいません。少し、書き出してみてください。

ここで、少しだけ話題を変えます。目を瞑って、今一番食べたいモノを1つ思い浮かべてください。目の前に置かれている「料理が盛り付けられた食器」、「食材の色」、「匂い」、「味」、「食感」、「喉越し」、「温度感」、「どんな気持ちでいるか」…等々、できるだけ詳細かつ具体的にイメージしてみてください。

うまくイメージできれば、唾液が出てくるかもしれません。あるいは、お腹が鳴るかもしれません。あまり力まずに普段どおり、「きょうのお昼は、○○が食べたいなぁ」、「カフェで○○を一緒に注文しようかなぁ」ぐらいの気持ちでやってみてください。どうですか、うまくできましたか？

それでは、次に、先ほど書き出した望みの中から1つを選んで、それが実現している状況を、同じように目を瞑ってイメージしてみましょう。

手に入れたいモノであれば、「その色」、「形」、「大きさ」、「重さ」、「手にした自分がどんな気持ちでいるか」…等々。

やりたいことであれば、「やっているときの周囲の音や匂い」、「温度」、「明るさ」、「誰かと一緒にいるか、あるいは1人か」、「体験している自分がどんな気持ちでいるか」…等々。

先ほどの食べもの時と同じように、より詳細に具体的にイメージしてみましょう。イメージできない人は、諦めずに、イメージできた人は、その感覚を1分ほど保持し続けてみてください。

頭の中を駆け巡る声

さて、自分の望みをイメージしている途中で、頭の中で何らかの声を聞いた方はどの程度いるでしょうか？

例えば、「何でうまくいかないんだ」、「こんなことやって何の意味があるのか」、「こんな望みは、やっぱり叶いっこないよなぁ」、「私には目標が高過ぎるかも」、「無理だから辞めておけ」…等々。

これは、皆さん自身が心の中で思い描いている望みです。周りの人は知る術もありません。一体、誰がこの声を発しているのでしょうか？　誰が皆さんに語りかけてくるのでしょうか？

他ならぬ、皆さんの心です。これは、仏教用語で「心猿」、あるいは「意馬心猿」と呼ばれる現象で、まさに書いて字のごとく「馬が奔走し猿が騒ぎたてるのを止めがたいように、自分の心が煩悩・妄念によって掻き乱され、抑えがたい状態になっている」ことを指します。以降、本書ではこのような自己が揺れ動いている心の状態を「モンキーマインド」と呼びます。

普段はなかなか気づかないかもしれませんが、実は私たちの心は四六時中これをやっています。とくに、大きな変化を要する出来事や望みに対処しているときほど、知らずしらずのうちに心のバックグランドで走り周るモンキーマインドも活発になっています。なぜなら、モンキーマインドは感情や生存本能と深く結びついた脳のプログラムであり、特定の条件下で自動的に作動するからです。

一方、このモンキーマインドを手懐けて、心の状態を正しく保つことができれば、皆さんが望む多くのことを実現することができます。また、そのスピードも各段に速くなります。

【まとめ】　本章では、後悔という観点から、「豊かな人生とは何か？」ということについて考えてきました。また、「死」を意識することが、豊かな人生を送るための有効な手段になることを、事例を交えてお伝えしてきました。他方、「この人生で成し遂げたい」ことについて、私たちの多くがハッキリと設定できていないことを見てきました。

次章以降では、モンキーマインドも含めた心の状態が現実に与える影響について、そして、どのようにすれば望みの実現が早まるかについて、詳細に見ていきます。

第2章　そもそも〝心〟とは何か

「望みを実現する上で、なぜ心の働きが重要なのか?」、「モンキーマインドとは何なのか」――この理解を深めるために、本章では、心についてもう少し掘り下げていきます。

1 心の重要性を紐解く「名経営者と先哲が語る心とは」

身の回りに溢れる心

私たちは、〝心〟という言葉を日常的に頻繁に使っています。

例えば、「心が暖まる」、「心が躍る」、「心が落ち着く」といった心の喜びや平安を表す言葉。

また、「心を定める」、「心を磨く」、「心を強くする」といった心を鼓舞するような言葉。

あるいは、「心が沈む」、「心が彷徨う」、「心が折れる」といった心の苦悩を表現する言葉。

さらには、「心を察する」、「心を許す」、「心が触れ合う」といった心の繋がりを表現する言葉など、挙げればきりがありません。また、多くの偉人や名経営者たちも、古くから心の大切さや重要性を説いてきました。

こうしたことから、私たちも心の重要性については何となく理解しています。しかし、最初にタクちゃんから尋ねられたときのように、改めて心について説明を求められると、わかりやすく答えるのは意外と難しく、実態についてはよく理解できていないというのが正直なところではないでしょうか。

そこで、まずは、名経営者や先哲と呼ばれる人たちが、心についてどのようなことを語っているか、簡単に確認して見ることにしましょう。

名経営者・先哲が語る心①「利他の心」（稲盛　和夫）

１９３２年に鹿児島で生まれた稲盛 和夫氏※は、京セラとＫＤＤＩを設立し、日本を代表する企業に育て上げた名経営者です。また、２０１０年には経営破綻した日本航空の会長に就任し、破綻から僅か2年半で再上場を果たす見事な経営手腕も発揮されました。

そんな稲盛氏は、幼い頃に心に抱いた恐れがきっかけで、結核を患った経験や、最初に就職した劣悪な環境の会社において、心のあり方を変えたことで自分を取り巻く環境が一変した経験の中から、「人生とは心が紡ぎ出すものであり、目の前に起こるあらゆることは、自らの心が呼び寄せるものである」という法則が常に働いていることを実感したそうです。

また、以来、稲盛氏は、人生の中で、常に「心」の探求を重ね、さらに65歳からは得度して仏門に入るほど熱心に、自らの心のありようを問い続けてきたといいます。

稲盛氏は、自らの経験をもとに書いた数々の著書の中で、心の重要性を語っていますが、とりわけよく触れているのが「利他の心」についてです。そして、次のように語っています。

『利他の心とは、人が持ち得る崇高で最も美しい心、他者を思いやるやさしい心、時には自らを犠牲にしても他のために尽くそうと願う心である』。

他方、稲盛氏は、「善なる動機」から発したことは、必ずよい結果に繋がるという信念のもと、重要な決断に際しては、「それが本当に人のためになるか、正しく純粋な思いから来たものか」を自らの心に繰り返し厳しく問い続けたと言います。

名経営者・先哲が語る心②「素直な心」（松下 幸之助）

1894年に和歌山県で生まれた松下 幸之助氏※は、父親の事業の失敗を機に、僅か9歳で丁稚奉公に出されます。その奉公先で体を張って商売のイロハを学びながら、後に松下電器産業（現パナソニック）を設立し、世界的企業へと成長させました。松下氏の経営哲学や経営思想は、国内はもとより海外でも多くの経営者に多大な影響を与え、「経営の神様」と賞賛されるほどです。

松下氏もまた、数々の著書の中で心の重要性を説いていますが、とりわけ「素直な心」ということを大切にしていたようです。

その理由について、簡単にまとめると次のように語っています。

『人間は、皆、根底には、身も心も豊かに仲よく暮らしたい、よりよき共同生活を実現したいという願いを持っていると考えられる。しかし、実際にはそれが実現できていない。その大きな原因は、自らの願いを実現させるにふさわしいものの考え方なり心の持ち方、さらには態度、行動を現していないからである。いわば木に登って魚を求めるような姿を繰り返している。こうした過ちを防ぐ心のあり方が、〝素直な心〟である』。

そして、松下氏は、自らも素直な心を養うために折りに触れて参照できるようにと、「素直な心になるために」いう書籍に、その実行のポイントをいくつかの観点から纏めています。

なお、松下氏は、素直な心を一言で表現すると、『私心なく曇りのない心というか、１つのことにとらわれずに、物事をあるがままに見ようとする心である』と語っています。

人は、自己の欲望や利害に囚われてしまうと往々にして、物事の実相を見誤り、自身の内側や他者との間で対立を起こしがちになります。そして、こうした状況では、望ましい現実を創ることが難しくなります。こうした状況を避けるため、松下氏は常日頃から、「今の自分は〝素直な心〟の状態にあるか？」という点に、細心の注意を払っていたようです。


名経営者・先哲が語る心③「積極的な心」（中村　天風）

１８７６年に東京で生まれた中村　天風氏※は、学生時代に喧嘩で相手を刺殺、日清日露戦争では軍事探偵として活動するも、戦後に肺結核を患ってしまいます。それから、病気のために弱くなった心を強くする方法を求めて世界中を遍歴し、最終的にインドで出会ったヨーガの修行を通じて健康を取り戻して、悟りを得るという波乱に富んだ体験を積んできました。

その後、日本に帰国してからは、銀行の頭取などとして実業界で活躍しましたが、43歳のときに突然一切の職や財産を手放し、自らの経験と悟りを伝えるための活動を始めました。

この教えは、「天風哲学」として多くの政治家や経営者に影響を与え、先に紹介した松下氏や稲盛氏も、この教えの影響を大きく受けたと語っています。さらに、王　貞治氏や大リーグで活躍する大谷　翔平選手といった一流スポーツ選手の中にも、天風氏の影響を受けた方が多くいるようです。

天風氏もまた、様々な著書の中で心の重要性を説いていますが、とりわけ「積極的《せきごくてき》な心や態度」の影響について数多く語っています。

その1例を書著「ほんとうの心の力」の中から紹介します。

『私が教える積極精神というのは、消極に相対した積極ではなくして「絶対的な積極」のことなんです。心がその対象なり相手というものに、決してとらわれていない状態、(中略) 心に雑念とか妄念とか、あるいは感情的な恐れとか、そういうものが一切ない状態。決して張り合おうとか、対抗しようとか、打ち負かそうとか、負けまいといったような、そういう気持ちでない、もう一段高いところにある気持ち、境地、これが絶対的な積極なんですぜ』。

以上、ここまで紹介してきたように名経営者や先哲たちが、心について多くのことを語り、自らの心の状態についても細心の注意を払ってきた事実を見ると、「心が現実に対して計り知れない影響を与えていそうだ」ということは容易に想像がつきます。また、皆さん自身も、心の状態がもたらす影響については、これまでの体験の中で感じるところが多々あるのではないでしょうか。

一方、心の重要性については、何となくわかってはいるものの、「なぜ、ここまで影響を及ぼすのか?」、「一体どうすれば、現状をよりよい方向に変えられるのか?」について、具体的にわからなことも多いと思います。

そこで以降では、まず心の概念を共有し、それに基づき様々な疑問を解消してくことにします。

２　心の守備範囲

「心と体は同じモノ？」

この質問については、紀元前5世紀から議論されているようですが、未だに結論が出ていません。大きく分けると、次のように「同じモノ」だとする主張と、「違うモノ」だとする主張の2つがあります。

前者は、「a：一元論」と呼ばれており、主に次に挙げる3つの考え方があります。

・「a１：物理主義＝この世界は、物理学で記述できるもののみが存在しており、心についてもいずれ物理学ですべて説明できるようになるという考え方」。

・「a２：唯心論＝心だけが実際に存在するものであり、外界とは心そのもの、あるいはすべてが心によってつくり出された幻想であるという考え方」。

・「a３：中立一元論＝何らかの中立的実体があり、物や心というのはこの知られざる実体の持つ2つの側面、性質であるという考え方」。

一方、後者は、「b：二元論」と呼ばれており、「心は物質とは独立して存在する実態であるという考え方」です。

このように説明されても、何となくわかったような、わからないような状態かもしれません。何れにしても、２５００年近く議論して未だに結論が出ていないということは、そのぐらい心が捉えにくいモノであるということは間違いなさそうです。

なお、私は、時と場合によって、この何れの状態にもなり得るし、また複合的に機能することもあると考えています。また、異なる側面から心の性質を捉えると、何れの考え方も当てはまるようにも思います。

その理由については、以後読み進めてもらう中で徐々に理解してもらえると思います。

心の意味

なぜ、心を具体的にイメージすることが難しいのでしょうか？　理由の1つとして、心が非常に多義的・抽象的な概念で、使われるシーンによって多様な意味を持つことが考えられます。

〝心〟のつく漢字を調べると、「思」・「想」・「念」・「恵」・「愛」・「恋」・「感」・「恩」・「忠」・「恥」・「急」・「怠」・「怒」「怨」…と、実に７００個近くあることがわかります。

また、〝忄《りっしんべん》〟まで含めると、「快」・「性」・「怖」・「怯」・「情」・「悩」・「愉」・「悦」・「憎」・「恨」・「惜」・「忙」…と、さらに50個近くあります。

加えて、これらの字を組み合わせた熟語も数多くあることを考えると、その数は計り知れません。ここに挙げた漢字を眺めただけでも、私たちの心が様々な感情や行動と深く関わっていることがわかります。それゆえに、心の実態というものが一層捉えにくくなっているのかもしれません。

他方、〝心〟を辞書で引くと、「人間の精神作用のもとになるもの。また、その作用」と書かれていますが、まだ少し漠然としています。

本書で扱う心の範囲

以降、皆さんと同じ概念を共有した上で、心の話を進めていきたいので、本書で扱う心の範囲を、ここで定義しておくことにします。

私たちが日常使っている〝心〟という言葉を英語で話す場合、文脈によって、①mind、②heart、③spirit の３つの単語を使い分けることになります。

WISDOM 英和辞典によれば、それぞれの単語の頻出度は、①mind を１００とした場合、②heart が60、③spirit が25となっています。

また、それぞれの単語の代表的な意味は、次のように書かれています。

① mind：理性に基づく合理的な精神の働き。記憶・判断・決心などを含意する。

② heart：感情・感性などに基づく精神の働き。愛情・同情・感動・気分などを含意する。

③ spirt：肉体に対立する概念としての魂や精神の働き。soul よりも意味が広く、思想・理念・民族精神などを含意する。

そこで、本書で扱う心の主な範囲についても、これに倣って、「〝理性〟、〝感情〟、〝感性〟、〝霊・魂〟に基づく精神の働き」とすることにします。

なお、以降で紹介していく書籍の中で、〝霊〟と〝魂〟を明確に分けている著者と、同じ実態として取り扱っている著者が混在しているため、本書では、両方の性質を包含する実態として単に〝魂〟あるいは、〝霊魂〟と表現することにします。

3　心の機能と性質

心のモデル１（機能面）：心と扇風機の共通点①

【図表１　心のモデル１
「心と扇風機の関係」】

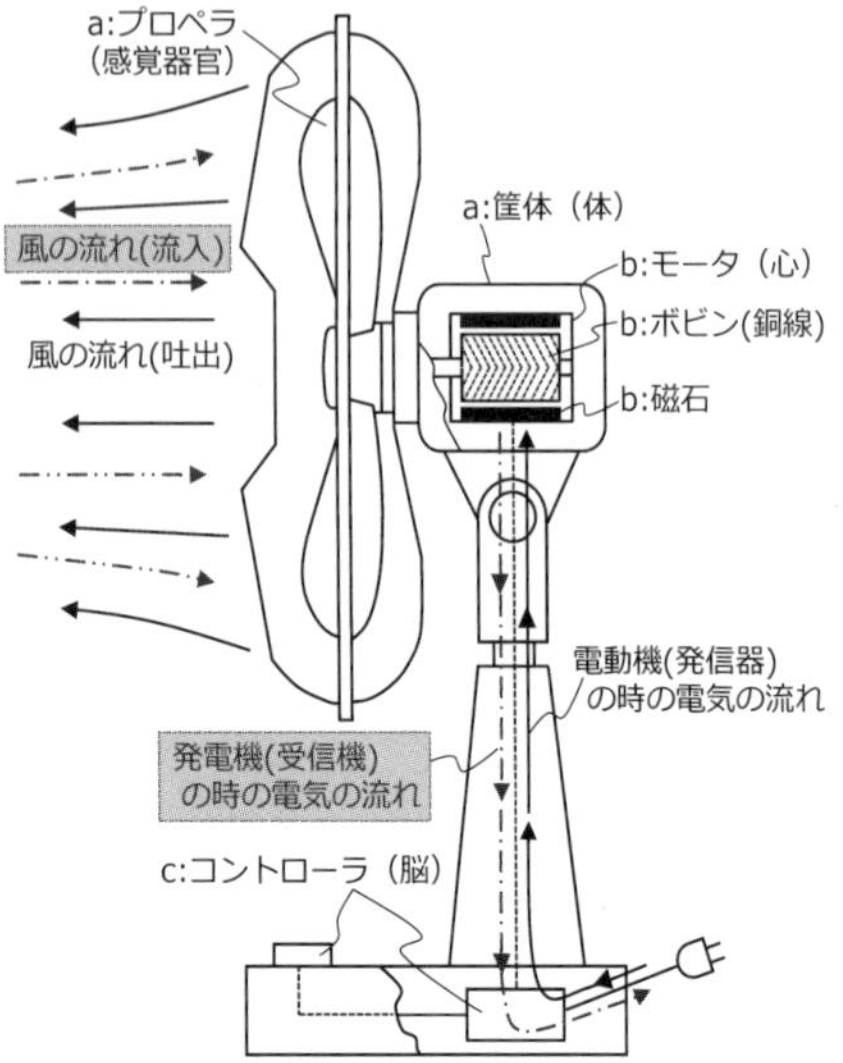

心の働きと性質を理解しやすくするために、ここで1つの概念モデルを考えてみます。

まず、図表1のような扇風機を思い浮かべてみてください。ほとんどの扇風機は、a「筐体」と「プロペラ」、b「モーター」、c「コントローラ」（スイッチ、速度切替え等）から構成されています。

ここで、扇風機のa「筐体」は私たちの〝体〟、a「プロペラ」は外界と内部を繋ぐ〝感覚器官〟、b「モーター」は〝心〟、

ローラ」は〝脳〟に相当すると考えてみてください。

扇風機は、止まっているときは単なる物体に過ぎませんが、動き出すと風を起こして私たちを快適にしてくれます。このとき、扇風機の内部では、モータが電気エネルギーを機械エネルギーに変えてプロペラを回していますが、私たちは風を感じていても、モーターの動きにまで意識を向けることはほとんどありません。

この点も含め、扇風機のモーターと心には、次のような共通点があります。

①　普段はあまり意識することがなく、動きが見えない。

②　モーター（心）がないと、外界に対して風（変化）を起こすことができない。

③　モーター（心）は、外界に風を起こす電動機（発信器）として機能する一方で、外界からの風を受けると発電機（受信器）としても機能する。

④　モーター（心）は、磁石の強さやボビンに巻かれた銅線の状態によってその出力や速度、効率が変わる。また、使用する電気エネルギーの量も変化する。

心と扇風機の共通点②

ここで、モーターについてあまり馴染みのない方のために、少しだけ補足します。

まず、③電動機と発電機の両方の機能を持つ点について説明します。

モーターは、電気エネルギーを用いて自ら回転しているときは、動力源として外部に影響を与えます。一方、外部から風を受けて回されているときは、発電機として機能し電気エネルギーを発生します。これは、風力発電の原理と同じです。

心の働きにも同様に2つの側面があります。1つは、内発的な力によって外部に影響を与えます。2つ目は、逆に外部からの影響を受けて鼓舞されたり、逆に委縮したりしてその働きに変化を生じます。

次に、④の銅線や磁石の状態による変化について説明します。モーターが発生する力や電気エネルギーの大きさは、簡単に言うと磁石の強さと、巻線をスムーズに流れる電流の総量によって決まります。なお、電流をスムーズに流すためには、ボビンに巻かれた銅線が乱れることなく整然と巻かれている必要があります。

心にも同様の性質があります。意志や情熱の強さは、モーターの磁石の強さと相通じるところがあり、心の定まり方は、モーターの巻線の状態に相通じるところがあります。

4　心に影響を与える2つの存在

心のモデル2（構成面）：心とスマホの共通点①

今度は、〝魂〟を加えて、全体の構成という観点から心の概念モデルを考えてみます。

図表2を見てください。皆さんが普段使っているスマホは、a「本体」と、b「アプリ」（アプリケー

【図表2　心のモデル2「心とスマホの関係」】

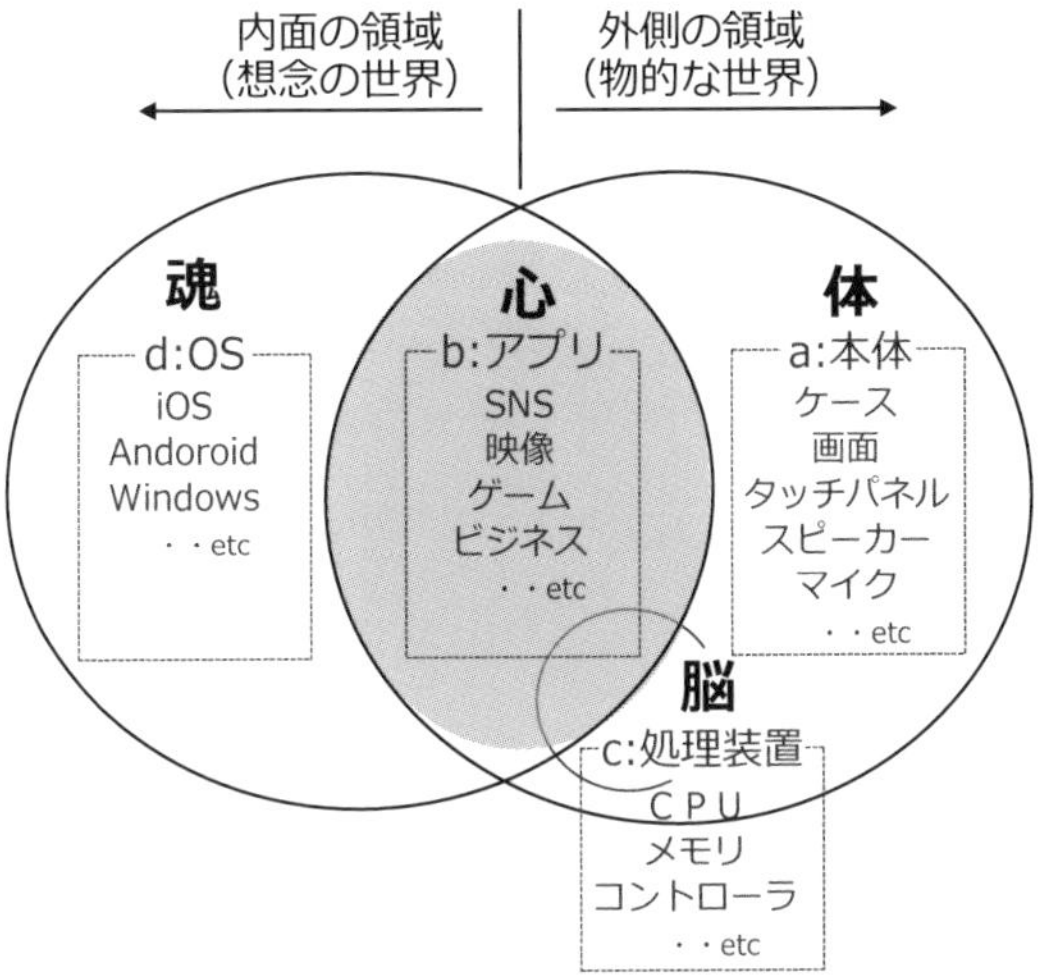

ションソフト）、ｃアプリと連動しながら本体に付属した入出力装置（画面、タッチパネル、マイク等）の情報を処理する「処理装置」、そして、ｄこれら全体を統合的に司る基本ソフトと呼ばれる「OS」から構成されています。何れが欠けてもスマホとしては機能しません。

なお、最新型の本体は、確かに魅力的ではありますが、OSを適切にアップデートすれば、旧モデルであっても最新のアプリを動かすことができます。また、自分のビジネスや生活、趣味に応じた好みのアプリを活用することで、様々な利便性を享受したり、体験を楽しんだりすることができます。

ここで、スマホの各パーツを私たちと対応づけて考えてみると、ａ「本体」は〝体〟、ｂ「アプリ」は〝心〟、ｃ「処理装置」は〝脳〟、ｄ「OS」は〝魂〟とよく似ています。

なお、念のためお伝えしますが、工場で生産されるスマホとは異なり、私たち、1人ひとりは、異なる仕様の〝体〟と〝脳〟、〝心〟、〝魂〟を持っています。

また、私たちは、アプリを自由に創り出すこともできます。そして、そのアプリ同士は、頻繁に連携・協調したり、時には相互干渉しながら働きます。

他方、4つの構成要素がバランスよく機能することで、スマホの機能が十分に発揮されるのと同じように、私たちの人生を豊かにするためにも、やはり4つのバランスが重要です。

心とスマホの共通点②

このモデルを使って、今度は〝体〟と〝心〟と〝魂〟の関係について、もう少し考えてみましょう。

心は、目に見ることができませんが、外界からの影響を強く受けています。とりわけ体の状態や感覚は、心に大きな影響を及ぼします。十分に休息を取った後は活力が漲っていますが、病気や疲労で体が疲れているときは、何となく気力が湧いてきません。また、暑さや寒さで気持ちが萎えぐこともあります。

一方で、心は、私たちの内面の奥深くからの働きかけの影響も受けています。例えば、「心の声に耳を傾ける」や、「心の底から湧き起こる思い」といった表現を、1度は耳にされたことがあるのではないでしょうか。これは何かというと、人の生命を保ち、心の働きを司るとされる「魂」や、人が生まれながらに持っているとされる判断能力「良知」のことです。

この働きかけにより、「理由はわからないけれど、何かに強く心が突き動かされたり」、反対に「魅力を感じつつも、何となく気乗りがしなかったりする」といったことが起きてきます。なお、こうした働きが生じる理由については、後ほどもう少し詳しく説明します。

このように、〝心〟は、〝体（外側）〟と〝魂（内面）〟の両方からの影響を受けています。別の言い方をすれば、「〝体〟に〝魂〟が宿ったものが〝心〟」と表現することもできます。

そして、体と魂のどちらの影響をより強く受けるかによって、心の働きも変化します。なぜかというと、体は基本的に動物的性質が強く、生存が脅かされていない限り、不快や危険を伴う行動、リスクが高まるような行動を極力控えようとします。より安全で快適な選択を好みます。

一方、魂は、基本的に自己成長のために、まだ経験したことがないことを渇望する傾向がありま す。未知の挑戦や冒険を敢えて求めようとします。

魂と体の綱引き

心が、魂と体のどちらの影響を色濃く受けるかは、対象とする物事やその時々の状況によっても変わってきます。また、同じ状況下でも人によって異なります。

他方、魂と体のどちらか一方が支配的な状態では、今どちらが支配的になっているかを意識することはほとんどありません。

しかし、挑戦的な取組みに対し、心の中で「やる ⇕ やらない」、「続ける ⇕ 止める」、「よい ⇕ 悪い」

といった葛藤が生じているときは、魂と体が綱引きしていることを感じ取ることができます。

ここで少し、「利益倍増の実現」、「新社屋の建設」、「新プロジェクトの企画立案」、「大手顧客への新商品プレゼン」、「〇〇検定に合格」、「〇〇大会入賞」…等々、これまで経験したことがないような高い目標にチャレンジしているときのことを想像してみてください。

皆さんは、その目標を達成するために、経営計画の策定や日々の業務、あるいはトレーニングに励んでいます。ある時点まで順調に進んでいましたが、問題が見つかったり、予想外のトラブルが起きたり、体が疲れ始めたりして、徐々に集中力が途切れて嫌気がさしてきます。しばらくの間は、何とか持ちこたえていましたが、そのうち心の中で葛藤が始まります。「大変だし止めようかなぁ⇕いや何とかもう少し頑張ろう」、「そもそもこんなことをやって本当に意味あるのかなぁ⇕いや素晴らしい成果にきっと繋がるハズだ」…等々。

これが、魂と体が綱引きしている状態です。こんな経験はないでしょうか？　少し思い返してみてください。

ここで、普段見逃しがちな大事な点が1つあります。今、この状況を回想できたということは、そのときの葛藤を見守っていた何らかの存在がいたという点です。その存在は、「止める⇕続ける」の葛藤を、何の価値判断もなくただただ冷静に見守っていたことになります。もし、目の前で口論している2人を冷静に観察している第三者がいなければ、2人の口論の様子を後から説明しようがありません。

【図表3　心のモデル3「心の重層」】

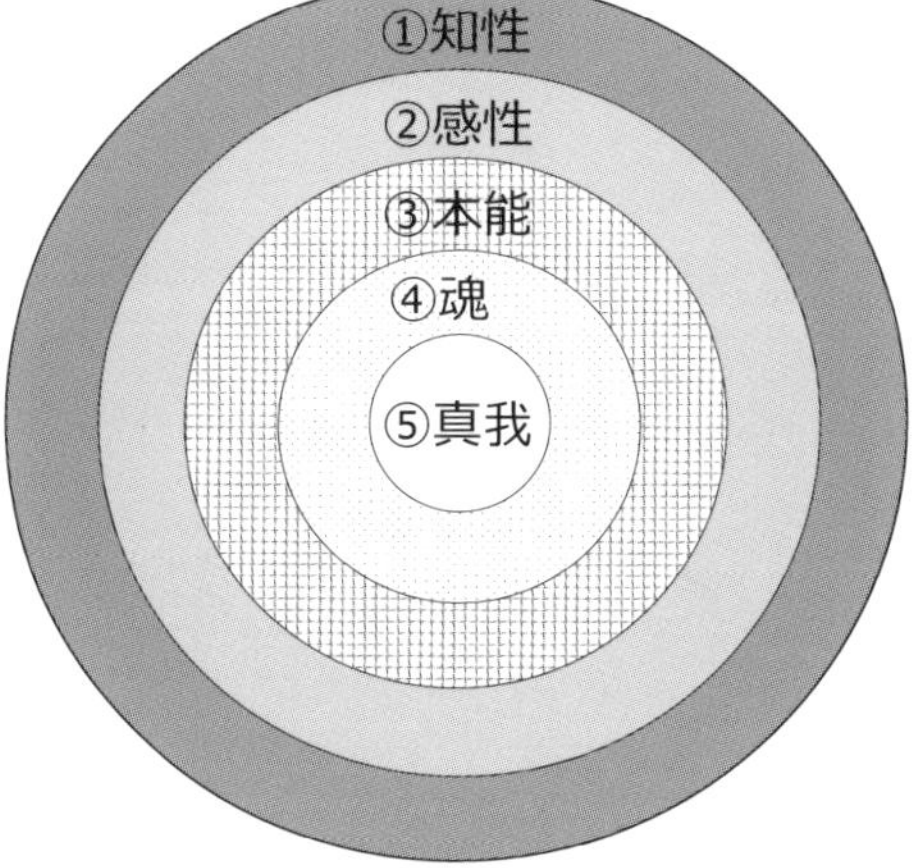

この冷静に観察している第三者の正体については、後ほど詳しく説明します。まずは、魂と体が綱引きを始め、葛藤が生じている状態と、それを見守る存在がいる点は理解できたと思います。

5　心の重層構造

心のモデル3：心の重層構造

本章を締めくくりに当たり、心の性質について理解を深めるために、もう1つだけ心のモデルを紹介します。

図表3は、稲盛氏が心の構造として提唱している重層モデルで、図のように同心円上にいくつかの層を成しています。また、各層については次のように説明しています。

①　知性：後天的に見につけた理論
②　感性：五感や感情などの精神作用を司る心

③　本能：肉体を維持する欲望など
④　魂：真我が現世での経験や業をまとったもの
⑤　真我：心の中心にあって核を成すもの。真・善・美に満ちている

このモデルでは、私たちの心は、中心部に〝真我〟を持ち、その周囲を〝魂〟がまとい、さらに魂の外側を〝本能〟が覆い…といった、性質の異なる要素が重なり合って構成されています。

他方、稲盛氏は、『人間が生まれ、成長していく過程で、心は中心から外側に向かって段々重層的になり、反対に年を取って老いが進むにつれ、外側から段々と「はがれていく」ことになる』と付け加え、この重層モデルの構成要素の比重が年齢とともに変化してくると説明しています。

【まとめ】本章では、名経営者や先哲たちが語ってきた〝心〟について紹介した上で、身近な日用品と心を対応づけて、捉えにくい心の性質や機能について見てきました。少し理解は進んだでしょうか？

もし、「今1つイメージが湧かない」という状態であっても安心してください。何しろ、2500年かけても結論が出ない〝心〟について、理解しようとしています。

この先、本章で用いた心のモデルを所々で取り上げながら、段々と理解が深まるように説明していきます。

ここでは、まず、扇風機やスマホの各パーツと、〝心〟、〝体〟、〝脳〟、〝魂〟の対応づけだけでも頭の隅に留めておいてください。

第3章　〝心〟が現実を創る仕組み

1　どちらが本物の世界？

プラトンが語ったイデア（実像）の世界

前掲の図表2を再度ご覧ください。その中に、〝体〟と〝心〟と〝魂〟の関係に加えて、「外側の領域（物的な世界）」と「内面の領域（想念の世界）」を示してあります。私たちは、両方の領域があることを十分承知していますが、日常生活の中では、自分の感覚器官を通して常に知覚している外側の領域、つまり外界を強く意識しがちになります。また、周囲の人たちとの間でも、物質は共通の認識や世界感をもたらしてくれるため、知らずしらずのうちに外界が唯一実在しているものと錯覚してしまう節もあります。

しかし、〝見る側〟と〝見られる側〟、〝意識する側〟と〝意識される側〟、あるいは〝主体〟と〝客体〟があって初めて物事が構成されます。どちらか一方で成り立つということはありません。

他方、哲学や宗教の世界では、この物事を構成する2つの要素のうち、実際は内面が「実在している世界」で、外界は「現象に過ぎない」という考え方が古くからありました。これは、前章で話した、心と体は同じものかという議論の中の一元論の一形態「唯心論」と共通する考えです。

例えば、紀元前400年頃には、すでに古代ギリシアの哲学者であるプラトンが、「イデア論」として、次のような考えを展開しています。

『生成変化する物質界（感覚的世界）の背後には、永遠不変のイデアという理想的な範型があり、イデアこそが真の〝実在〟であり、この世界は不完全な仮象の世界にすぎない』。

ここで〝実在〟をどのように定義するかにもよりますが、仮に「何らかの知覚や体験が私たちに影響を与える物事」と捉えるならば、難しい哲学や宗教の話はさて置き、確かに実在しているのは内面の世界であるという主張は的を射ているような気がします。

なぜなら、例えば、映画やゲームに熱狂しているときに、銃の球が飛んでくれば思わず身を屈めてしまいます。また、VRの眼鏡をかけた状態で、目の前に崖の上の映像が広がれば途端に足が竦み動けなくなります。今いるのが安全な部屋の中であり、広い地面の上に立っているのにもかかわらずにです。一方、自分が置かれている環境を冷静に認識し、目の前の映像に全く動じない人もいます。

このように、外界で繰り広げられていることは同じでも、人によって全く体験が異なります。こうした点を考えれば、〝実在〟界が私たちの内面にあるという主張も何となく頷けます。

〝ものづくり〟の本当の意味

内面と外面のどちらがリアルな世界なのかという疑問について、もう少し掘り下げてみます。

最近、あまり聞かなくなりましたが、少し前まで「ものづくり立国日本」なんて言葉をよく耳にしました。この〝ものづくり〟という言葉、実は〝もの〟と〝づくり〟の2つの単語を組み合わせた大和言葉であることをご存知でしょうか。

まず、〝もの〟は、「〝もの〟がたり」、「〝もの〟おもい」、「〝もの〟のけ」…等で使われる〝もの〟と同じ意で、心で行うイマジネーションや想像のプロセスを指します。つまり、こんなモノやサービスがあれば「楽しいんじゃないか？」「便利なんじゃないか？」、「困り事を解決できるじゃないか？」…等々、想像力を働かせながらアイデアをより具体的に〝創り〟込んでいる段階です。家で例えるなら、建物の構造、間取り、壁の色などを想像している段階です。

次に、〝つくり〟のほうは、そのアイデアを実際に提供できる製品、商品、サービスとして〝かたち造る〟段階のことです。家であれば、実際に建造している段階です

この〝もの〟と〝つくり〟の関係は、〝鋳型〟と〝造形物〟の関係とよく似ています。鋳型とは、特定の金属部品を造るときに、溶かした金属を注ぎ入れる型のことです。鋳型と、それを忠実に転写する工程があって、初めて実体のある良質な製品やサービスが生まれてきます。

すべては2度つくられる

スティーブン・R・コヴィーは、著書「7つの習慣」の中で、「すべてのものは2度つくられる原則がある」と説いて、次のように紹介しています。

『すべてのものは、まず頭の中で創造され、次に実際にかたちあるものとして創造される。つまり、第一の創造が〝知的創造〟、そして第2の創造が〝物的創造〟である』。

こう考えると、私たちの外側にあるほとんどのモノが、最初は誰かの〝思い〟から始まって、創

造されたものであることに気づくことができます。

例えば、「iPhone」。「いつでもどこでも大切な人たちと繋がりたい。楽しみを共有したい」――そんなスティーブ・ジョブズの思いがなければ、今、私たちはスマートフォンを使っていないかもしれません。今、着ている服や、住んでいる家、昨夜食べた食事も同様です。

最初に、誰かの「こんな○○があったら」、「○○が喜ぶんじゃないか？」、「もっと便利になるんじゃないか？」、「もっと早くできるんじゃないか？」といった〝思い〟が発端となり、次に私たちが実際にそれを知覚、利用、体験できるようにかたち造られたものばかりです。

ちなみに、他人にハッキリと知覚してもらうためには、〝思い〟という鋳型を〝転写〟する段階が必要になります。会社経営やプロジェクトに当たるときも例外ではありません。理念や思いを文字にしたり、イメージ図を提示したり、言葉で説明するのも、この〝転写〟すなわち第２の創造に該当します。

第１の創造である鋳型が不十分でも、第２の創造である転写が未完了でも、目の前にハッキリと知覚できる現実を創造することはできません。

2　想念から物質へ

モノに心はあるのか？

長野県小布施町の岩松院の天井には、畳21枚分もの大きさで鳳凰の絵が描かれています。今にも

【図表４　岩松院の天井に描かれた「八方睨み鳳凰図」（写真提供：岩松院）】

飛び出してきそうなその躍動感、迫力、色彩は、何時見ても圧倒されます。この絵は、約２００年前、葛飾北斎が晩年に1年がかりで描いた「八方睨み鳳凰図」（図表４）です。写真でも十分に迫力がありますが、実物はやはり何かが違います。

皆さんも同様の体験はないでしょうか？例えば、「京都や奈良の仏像」、「○○の絵画」…等。それを見たときの強烈な感動。そこに感じられる何かがあることは確かですが、一体それは何なのでしょうか？　これらの作品は、何百年、何千年という時を経ても、なぜ私たちの心を動かすのでしょうか？

もちろん、純粋に、表情や色彩の素晴らしさもあるでしょう。造形としての美しさもあるでしょう。しかし、これらも含めて私たちは、作品に込められた作者の〝エネルギー〟

【図表５　棟方 志功氏の創作風景（写真提供：飯窪 敏彦氏）】

を感じて取っているのではないでしょうか？
「仏つくって魂入れず」という有名な諺がありますが、この〝魂〟に相当する部分が、まさに創作者のエネルギーです。それでは、一体どのようにして作者のエネルギーが作品に転写されていくのでしょうか？

心の転写

ここで、「青森のゴッホ」と呼ばれた、棟方 志功氏の作品の製作風景（図表５）を見ながら、作品の中のそれぞれの点や線、面ができるまでの、心の働きと体の動きを考えてみましょう。
まず、①棟方氏の心の中に、ある創作意欲が湧き起こります。↓②それが脳内にある電磁場の変化を引き起こします。↓③その電磁場がいくつかの神経細胞を同調して発火させます。↓④その発火により脳全体にある活動電位が生じ、関連する脳内の神経細胞の接続に一連の電気信号が発生します。↓⑤脊髄を通じて伝わったその電気信号を受け取った運動神経が、手の筋肉を動かし↓⑥体に蓄えられたエネルギーを用いて協調した手の動きを起こすことで、1つの線が彫られます。↓⑦棟方氏はその線や体の動きからインスピレーションを受け、さらに創作意欲を掻き立てられます。こうした一連の活動が繰り返されていくことで遂には作品が完成します。

この一連のメカニズムを考えると、1つひとつの体の動き、線の中にも棟方氏の創作意欲が反映されており、その線が積み重ねられてできた作品には、これらの意欲の総計がすべて転写されていることになります。

これに関連し、英国サリー大学のジム・アル＝カリーリー教授※と、ジョンジョー・マクファデン教授は、著書『量子力学で生命の謎を解く』の中で、『私たちが作品を見たとき、作者の心の中にあったこの創作意欲が、心を持った私たちの神経細胞を再び発火させるために、心が動かされるのではないか？』と推論しています。

3　心が物質の状態を変える

人間の心を読み取る植物

心の状態が物質に与える影響は、先ほどの作品づくりのように体を介して直接的に行われるものだけに留まりません。心は、間接的にも物質に影響を与えます。これを示す例を2つほど紹介します。

クリーヴ・バクスター※は、アメリカの元CIAの諮問官で、複数の生理反応の変化を測定・記録するポリノグラフ、通称「嘘発見器」の開発や改良を行った技術者でもあります。

ポリノグラフは、被験者の情緒に応じて皮膚の電気抵抗が変わる性質を利用して嘘を発見する装置で、被験者の指に電極を挟んで抵抗の変化を測定します。バクスターが、ある朝ふっと「植物の葉に電極を挟んだらどうなるだろうか」と興味を持ったところから、この奇妙な研究が始まりました。

そして彼は、人間や動物の思考や挙動に対する、植物の反応を研究し続けた末、「植物の反応は感情的なもの」、「植物は思考する」との結論に至りました。その研究成果は、1968年に「バクスター効果」として発表され、各界から大きな反響を呼びました。

著書「植物は気付いている」の一部を紹介すると、次のような内容です。

『植物を脅してみたらどうなるのだろうか? 植物を脅すにはマッチを持ってきて、電極を取りつけた部分を焼いてみるのが一番だなと思った瞬間、被験者が興奮状態になったときと同様に急激に針が動き出した。私は、植物に触れてもいないし、実際にマッチをつけたわけでもありません。ただ、葉に火をつけてみようという明確な意志を持っただけでした。その後、葉を焼くことを考え直したところ、本気で焼く気がないのを植物が察知したのか、実際にマッチを擦って葉に近づけても、針は落ち着きをとり戻したままだった』。

彼のこの研究結果がきっかけとなり、植物の知性や反応に対する多くの研究が世界中で行われるようになりました。また、現在では農作物の栽培においても積極的に音楽を聴かせたり、毎日話しかけたりすることが盛んに行われています。

人間の心に反応する水

植物だけでなく、水もまた、人の心の状態によって反応を変えることがわかっています。

江本勝氏※は、アメリカで共鳴磁場分析機・ＭＲＡやマイクロクラスター水に出会ったのをきっかけに、水の研究に取り組みました。その研究というのが大変ユニークで、様々な環境下で水を氷結させて、その結晶写真を撮影し、どんな差異が生じるかを確認するといった内容です。

その研究成果は、世界で１８０万部を超えるベストセラーになった著書「水は答えを知っている」や「水からの伝言」の中で、実際の水の結晶写真とともに紹介されています。

例えば、「ありがとう」という言葉を水に見せたときには、どの国の言葉でも形の整った綺麗な結晶になっていますが、反対に「バカヤロー」など人を傷付けるような言葉を見せたときは、いずれも結晶ができていません。同様に、「○○しようね」という語りかけの言葉の場合は綺麗な結晶ができ、「○○しなさい」のほうは結晶ができなかったそうです。

さらに興味深いのは、聴かせる曲によっても結晶の形が異なっている点です。ベートーベンの「田園」では、明るく爽やかな曲調のとおり、美しく整った結晶ができ、ショパンの「別れの曲」では、小さな美しい結晶がいくつも分かれてできています。一方、ヘビーメタルでは、結晶ができませんでした。

なお、私たちの体は、受精卵のときは99％が水です。そして、生まれたときは90％が、成人しても約70％が水でできています。

そういう意味では、物質的に見ると、人間は水ともいえます。そのため、この水の結晶実験と同じように、発する言葉や周囲の環境によって、私たちの体も細胞レベルでは同様の変化が生じているのかもしれません。

他方、植物にしろ、水にしろ、人の言葉や音楽を私たちと同じように理解して反応しているのではなく、人や音楽、あるいは文字から発しているエネルギーを植物や水が受容し、状態を変化させているではないかと私は考えています。

というのも、前述したように、水の結晶は言語にかかわらず「ありがとう」や「バカヤロー」の違いに反応します。また、絵画・彫刻・音楽…その他の芸術作品もまた作者の国籍や時代を超えて私たちの心を動かします。

こうした点を考慮すると、言葉を理解して反応しているというよりは、「心の状態がエネルギーとして伝搬されている」と考えるほうが妥当です。

それでは、そのエネルギーとは一体何なのでしょうか。エネルギーは、私たちにどのように伝搬するのでしょうか。これについては、次節で話していきます。

4　エネルギーとは何か？

エネルギーとは

「力学エネルギー」、「熱エネルギー」、「化学エネルギー」、「電気エネルギー」、「磁気エネルギー」等、私たちは、日々の生活の中で多くのエネルギーを利用しています。

このエネルギーという言葉、物理的には「物体に仕事（力×距離）を与える量」として定義されています。辞書には、「力。力を出すもと。精力。活動力。仕事をできる能力を示す」と書かれています。

他方、エネルギーには、「a：すでに何らかの仕事をしている状態」と、「b：まだ仕事はしていないもののその能力を保持している状態」の2つが存在します。ちなみに、力学的エネルギーでは、aの状態を「運動エネルギー」、bの状態を「ポテンシャルエネルギー」と呼んでいます。

以上、2つのエネルギー状態がある点と、エネルギーが作用すると何らかの変化が生じる点を考慮して、本書ではエネルギーをもう少しわかりやすく、「物事の状態をA→Bに変化することができる潜在的能力」と定義することにします。

エネルギー保存の法則

他方、エネルギーの性質として大変重要な「エネルギー保存の法則」という原則があります。中学時代の物理の授業で1度は聞いたことがあると思いますが、覚えているでしょうか？

この法則は、次の2箇条から成り立っています。「エネルギーは〝無〟からは発生しない」、「エネルギーは〝消滅〟しない」。

エネルギーが〝無〟から発生したり、〝消滅〟したりしないということは、つまり、「今、存在しているエネルギーの総和は、エネルギーの形態を変えることはあっても時間的に変化することがない」と言うことです。

例えば、電気ポットを考えてみましょう。電気ポットは、①電気エネルギー→②ヒーターの熱エネルギー→③水の熱エネルギー→④カップや空気中への放熱の順に、電気エネルギーがヒーターや水などの熱エネルギーへと変換されていきますが、これらの熱エネルギーの総和は、もとの電気エネルギーと等しくなります。つまり、エネルギーの形態は変化していますが、エネルギーは消滅していません。

この原則を先ほどの版画に当てはめると、「棟方氏のエネルギーが転写された作品の持つエネルギーは、エネルギーの形態を変えない限り、保持されたまま時間的に変化することはない」と言うことができます。

世界一有名なエネルギーの数式は何を意味するのか？

エネルギーについて、もう少し掘り下げてみましょう。物理的なエネルギーの大きさや変換を表す数式はいくつもありますが、複雑な式が多いため、ここでは多くの人に馴染みがあり、エネルギーに関して最も基本的な数式とされている「$E=mc^2$」を取り上げることにします。

この式は、１９０７年に「アインシュタイン」が発表した数式で、質量 m に、光の速度 c の２乗を掛けると、エネルギー E に等しくなると言っています。

ここで、光の速度は1秒間に30万kmと常に一定です。このため、簡単に言うと、「質量とエネルギーは等価である」ということになります。つまり、「質量が増／減すると、同じ割合でエネルギーも増／減」します。

ここで試しに、この数式を用いて1gの物質がどのぐらいのエネルギーを持っているか考えてみましょう。前述の式に当てはめると、E=0.001kg ×（30 万 km/s）² となり、電力換算で、約2500 万 kwh のエネルギーとなります。４人家族の平均年間消費電力が約 5500kwh だそうなので、約 4500 世帯（18,000 人）が家庭で消費する電力の1年分を、１円玉1枚に閉じ込められているエネルギーだけで賄えることになります。

ちなみに、この質量変換からエネルギーを取り出す原理を利用しているのが原子力発電所や原子爆弾です。１ kgのウラン 235 は、核分裂によりエネルギーを放出し、約 0.7g の質量を欠損します。広島に投下された原爆も、実際に核分裂を起こしたのは1 kgと想定されているので、僅か 0.7g の質量の中に、あれだけの大惨事を起こすエネルギーが閉じ込められていたことになります。

このように、僅か1gの物質でもすべてをエネルギーに変換できれば、もの凄い大きなエネルギーとなることがわかります。

質量とは何か

それでは、先ほどの天井絵や版画が持つエネルギーというのは、天秤で単純に測ったときの質量分しかないのでしょうか？　その作品を壊さない限りエネルギーは取り出せないのでしょうか？また、言葉は天秤で測れませんが、エネルギーを持っていないのでしょうか？

ここで、エネルギーの定義をもう1度思い出してみましょう。「物事の状態をＡ→Ｂに変化することができる潜在的能力」でした。そうであるならば、私たちは、体感的に、芸術作品や言葉がエネルギーを持っていることを知っています。

そうすると、エネルギーと等価である質量（ｍ）とは一体何のか？　という疑問が湧いてきます。質量とは、物理的には「物質の動かしにくさの程度、〝慣性〟」を指します。もう少しわかりやすく表現すると「今の状態に留まり続けようとする普遍的な力（意志）」と言い換えることもできます。

私たちが、よい作品や言葉に触れると、その余韻や影響は長い間続きます。場合によっては、１つの作品や言葉が人生を通して影響を与え続けることすらあります。これは、作品や言葉に込められた質量、すなわち〝慣性〟が大きいからに他なりません。

ところで、力学エネルギーは、物質が直接触れることでエネルギーが伝わります。電気エネルギーは電線を通して、熱エネルギーは空気や水を通してエネルギーが伝搬します。それでは、これらの作品や言葉に蓄えられたエネルギーは、私たちの心にどのように伝わってくるのでしょうか？

離れた物体が引き合う万有引力

リンゴが地面に落ちるのを見て「万有引力」を発見した科学者を覚えているでしょうか？　そう、ニュートンです。

このニュートンの発見により、今では誰もが地球には物を引き寄せる力〝重力〟があることを知っています。一方、実際は、リンゴもまた同じ力で地球を引き寄せています。地球が動かないのは、地球のほうが〝質量〟が大きいためです。すなわち、地球の〝慣性〟「今の状態に留まりたいという力（意志）」が、リンゴよりはるかに大きいために、結果的にリンゴが地面に落ちることになります。

同様に、質量（慣性）がある2つの物質の間には、必ずこの互いに引き合う力〝重力〟が働いています。万有に働く力という意味で〝重力〟のことを「万有引力」とも呼んでいます。

この万有引力は、2つの物質の質量の積に比例し、物質の間の距離の2乗に反比例します。つまり、物質の質量が大きいほど、また距離が近いほどに、相手から受ける万有引力が大きくなります。

ちなみに、2つの物体をある距離を隔てて置いても実際に近づき合わないのは、各物体と床面との摩擦力のほうが大きいためで、物体を真空中に置くと必ず引き合います。なお、後ほど第7章で詳しく説明しますが、実際には私たちの身の回りは真空で溢れていることがわかっています。

5　エネルギーが伝わる〝場（field）〟の仕組み

すべての物質の根源

数十年前までの学校教育では、物質を構成する最小単位は〝原子〟だと教えられてきました。しかし、現在の物理学では、物質の最も根源的な要素は原子よりもさらに小さい〝素粒子〟であることがわかっています。しかし、実際の素粒子の発見や素粒子の振舞いについては、未だにわからないことも多く、世界中で日夜盛んに研究が行われています。ちなみに、日本の科学者は、この分野の研究で大きく世界に貢献していますが、ご存知でしょうか？

例えば、小柴 昌俊氏は、「スーパーカミオカンデ装置」を用いて世界で初めて太陽系外で発生した「ニュートリノ」と呼ばれる素粒子を発見し、２００２年にノーベル物理学賞を受賞しました。また、２００８年には、小林 誠、益川 敏英の両氏が、「ＣＰ対称性の破れ理論」を用いて、「クウォーク」と呼ばれる素粒子が６種類あることを証明し、ノーベル物理学賞を受賞しています。

こうした世界中の科学者たちの努力によって、現時点ではこの世界にあるすべての物質は、「ａ：レプトン」、「ｂ：クォーク」、「ｃ：ボソン」の３つのカテゴリに分類される、全17種類の素粒子から構成されていることがわかっています。

具体的には、物質を構成する基本材料となる６種類の「ａ：クォーク」と、６種類の「ｂ：レプトン」、およびこれら基本材料となる素粒子を繋ぐ糊の役割りを担う5種類の「c：ボソン」があります。なお、この繋ぎ方には「c❶強い力」、「c❷弱い力」、「c❸電磁力」、「c❹重力」の4つの方法があり、繋ぎ方に応じて素粒子間の相互作用が変わってきます。

実際の原子を例に説明すると、原子核を構成している陽子と中性子は、複数の「a：クォーク」素粒子で構成されており、原子核の周りにある電子はそれ自体が「b：レプトン」に分類される素粒子です。また、これらの素粒子間に、「c：ボソン」の電磁力が作用して原子を形づくっています。

ちなみに、もう少しわかりやすくするために思いきり単純化して、物質の構成やそこに働く力の起源を辿っていくと、次のような関係になっています。

「物質」↑「分子」↑「原子：原子核（陽子・中性子）＋電子」↑「c❶強い力＋c❷弱い力＋c❸電磁力＋c❹重力」

素粒子を生み出す〝場〟とは何か？

他方、これらの素粒子は、〝場〟から生まれます。〝場〟とは、農場や牧場、野球場の〝場〟と同様に、ある空間的な広がりを指します。

ここで〝場〟の性質をもう少し理解するために、波1つない静かで巨大なプールをイメージしてください。今、そこに石が投げ込まれると、そのエネルギーによって水面に揺らぎが生じて、水しぶきが上がります。私たちの周りには、異なるエネルギーに反応する巨大プールが空間を共有しながら至るところにあり、物理学ではそれを〝場(field)〟と呼んでいます。それぞれの素粒子は、すべてこのような〝場〟にエネルギーがもたらされることで生まれます。

例えば、〝力場〟の1つである〝電磁場〟に放射線が入ると、電磁場に波が起こり〝光子〟が生まれます。光子は、電磁的相互作用をもたらす接着剤「c・ボソン」に分類される素粒子なので、この光子の発生によって周囲にある物質の電子の配置に影響を与えます。また、物質だけでなく、私たちの脳や体内にある神経細胞内を通る電荷を持った粒子や磁気を帯びた粒子もこの影響を受けます。

〝場〟を通してエネルギーを感じ取る

実は、私たちは、こうした場の働きを既に体験的に知っています。例えば、「社長がいるだけで〝場〟の雰囲気が変わる」、「山本の活躍で〝場〟の流れが一変した」、「〝場〟違いのところ来てしまったと後悔した」などと表現する〝場〟と、基本的には同じです。

〝場〟の働きを理解するために、もう1つ例をあげます。ある部屋に「扇風機」が持ち込まれたことをイメージしてみてください。扇風機が持ち込まれると、扇風機の風力エネルギーが空気で満たされた空間という〝場〟に影響を与え、周辺に風を起こします。このため扇風機の近くにいる人は涼しく感じます。他方、扇風機が小さい場合はいつまで経っても狭い範囲しか涼しくなりませんが、大きくて強力な扇風機であれば、短時間で広範囲に対流を超こし部屋全体を涼しくしてくれます。

このように、私たちの周囲に、あるエネルギーがもたらされると〝場〟に揺らぎが生じ、新たな素粒子が生まれることで、私たちを含む環境に変化を与えます。

これが、私たちが作品や言葉を通じてエネルギーを受け取る仕組みです。また、併せて、心が現実に影響を与える仕組みでもあります。

なお、このとき、先ほどの扇風機と同様に、エネルギーが高い作品のほうが〝場〟に与える影響が大きくなるため、より大きな変化を生むことになります。

一方で、同じ作品や言葉を見たり聞いたりしても、人によって影響の受け方は異なります。また、同じ人であっても、それらに触れるタイミングによって影響の受け方が変わる場合があります。なぜ、このようなことが起こるのでしょうか？　これを理解するためには、素粒子が持っているもう1つの性質を知る必要があります。あと少しだけ、物理学にお付合いください。

6　なぜ人によってエネルギーの伝わり方が変わるのか？

素粒子の持つ2つの顔

素粒子というからには微細な〝粒〟をイメージする方が多いかもしれませんが、実際の素粒子は〝粒子〟と〝波〟の両方の性質を持っています。

この2重性については、すでに1800年代にはヤングが、光の性質をもとに弁証論的に説いていました。しかし、視覚的に確認できるようになったのは、1961年になって「2重スリット実

【図表6 2重スリット実験】

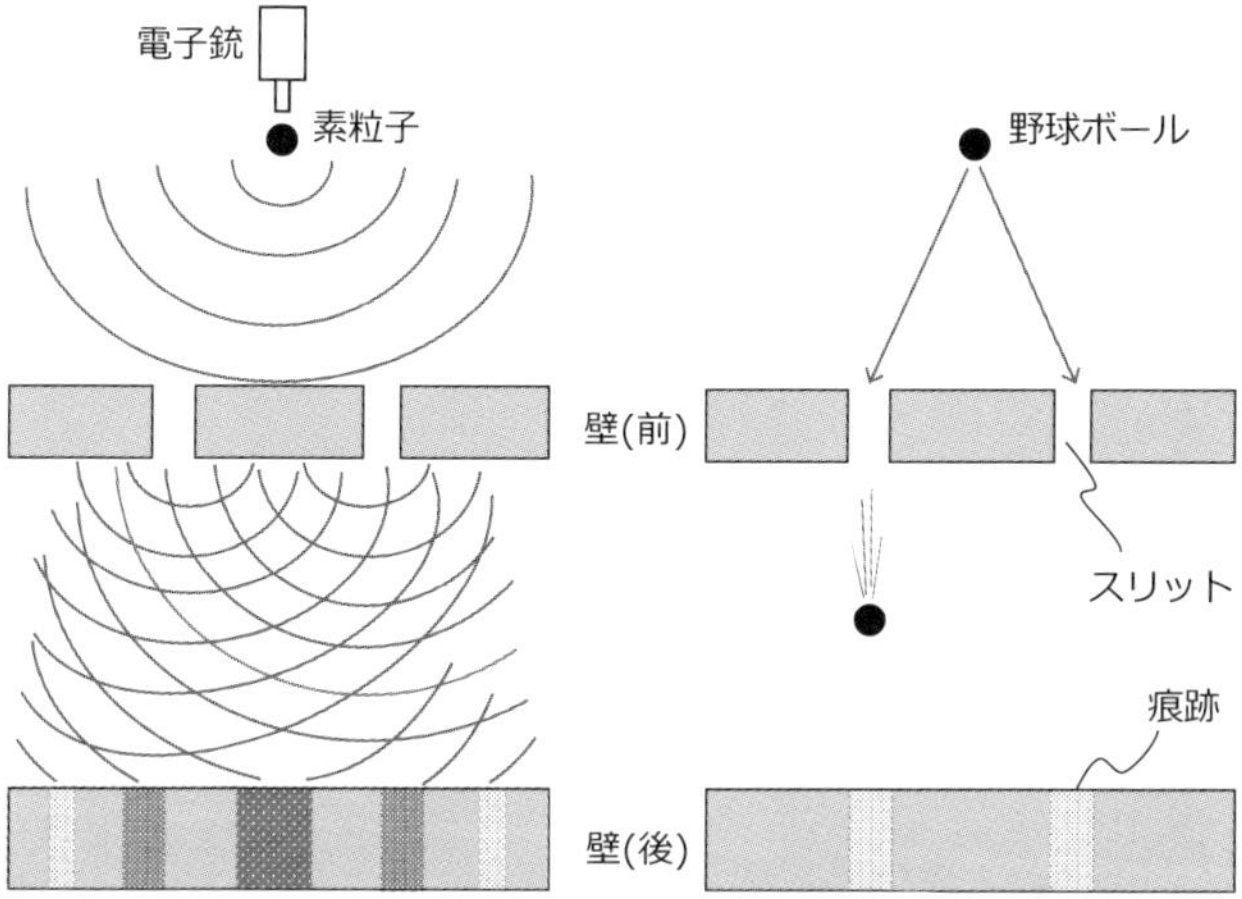

験」と呼ばれる実験がようやく実際の素粒子を用いて行えるようになってからです。

この実験では、図表6のようにまず前後に2枚の壁を並べて置きます。また、手前の壁には「スリット」と呼ばれる縦長の切れ目を2つ並行して開けておきます。

最初に、野球ボールでこの実験をしてみましょう。何回か球を投げると、スリットを通り抜けた球だけが後ろの壁に当たるので、手前の壁のスリットの延長線上にある後ろの壁面に、2本の縦長の球の痕跡ができます。

今度は、電子銃から素粒子を同様に投げ込みます。普通に考えれば、このときも先ほどと同じように、後ろの壁面には2本の縦長の打痕ができると予想されます。

しかし、実際には、素粒子が波の性質を合わせ持つために、〝干渉縞〟と呼ばれる複数の縦線の痕跡ができます。これは、電子銃から発射された素粒子が、波のように干渉することによって起こります。つまり、波の山と山（あるいは谷と谷）が出会う位置は、波が強くなるため痕跡が現れ、反対に山と谷が出会う位置では打ち消し合って痕跡ができません。

波の性質

仮に、作品から出ているエネルギーが粒子の性質だけしか持たなければ、体に球が当たったときと同じように、誰もがハッキリと知覚できるでしょう。しかし、波の性質があることによって、人によって感じ方が大きく異なってきます。

ここで、波の性質についてもう少し考えてみましょう。海の波を思い浮かべてみると、波には波の〝高さ〟と、波が押し寄せる〝時間間隔（回数）〟という代表的な2つの特性があります。波の高さのことを〝振幅〟と呼び、単位時間当たりに押し寄せる波の回数のことを〝周波数〟あるいは〝振動数〟と呼びます。直感的にもわかるように、〝振幅〟が大きいほど波のエネルギーは高くなります。また、周波数が高いということは、同じ時間内に何回も波が当たるということになるので、やはりエネルギーが高くなります。

他方、海の波と同じように、エネルギーとしての波も複雑な形をしています。これは、様々な要素が入り交じっているためです。ちなみに、実際は、どんなに複雑な形の波でも、周波数の異なる基本波（正弦波）の合成であることがわかっています。

【図表７ 複雑な波の分解と合成】

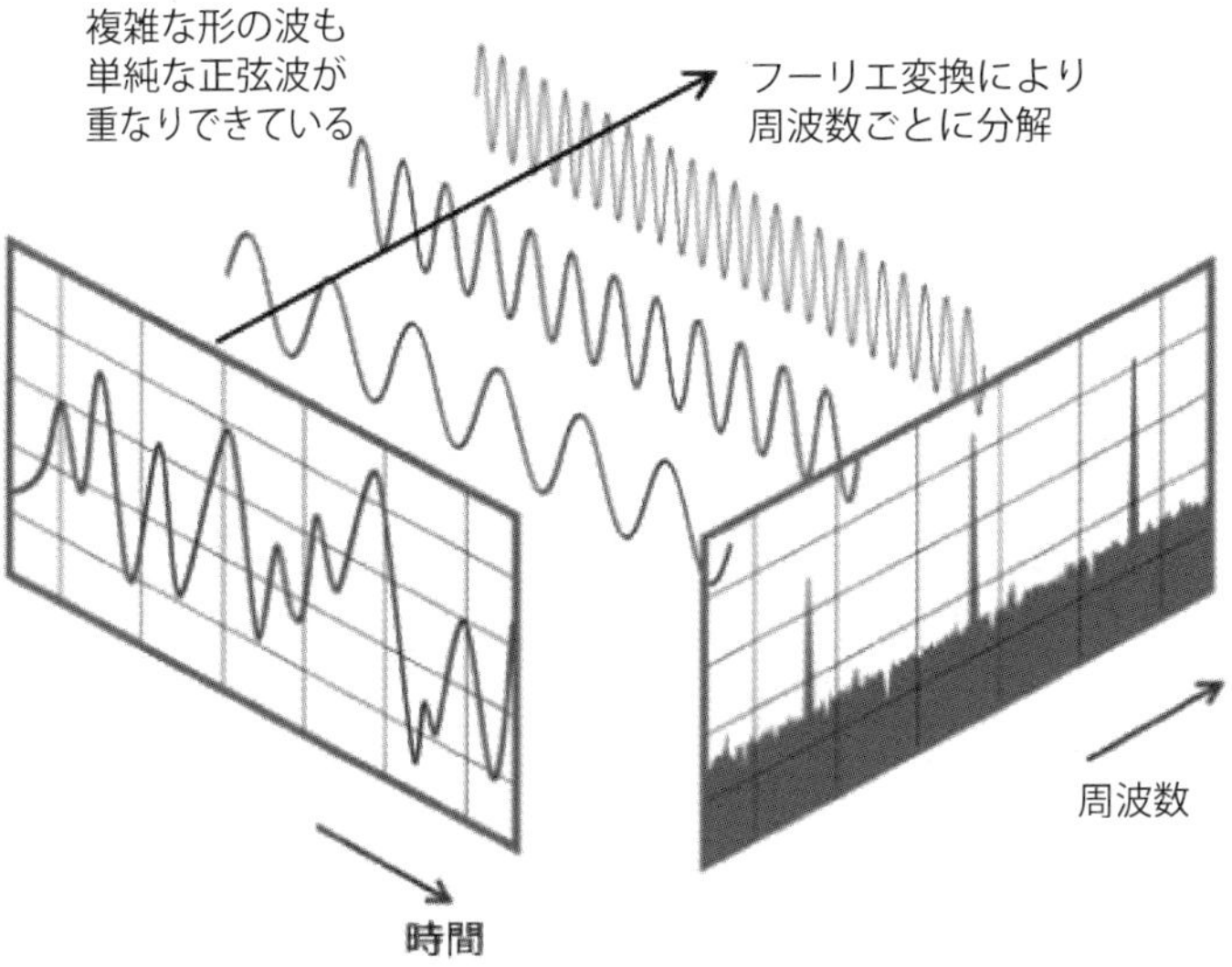

例えば、図表７の手前にある複雑な形の波は、フーリエ変換を用いて分解すると、周波数が異なる３つの波を合成した波であることがわかります。

音による波の体験と知覚

次に、波の性質をもう少し感覚的に理解するために、音について考えてみましょう。

日常的に音楽を聴かれる方も多いと思いますが、それらの音楽もまた一瞬一瞬異なる音の波が重なり合って、優しい音色、楽しい音色、パワフルな音色と、多彩な音色を奏でています。

一方、この音は、音（圧）エネルギーが空気の場を振動させ、その振動した空気が鼓膜を振動することで、私たちは音として認識します。このときに感じる音の大きさが、音エネルギーの振幅であり、音の高さが周波数

（振動数）に相当します。周波数が低いと低音に聞こえ、逆に周波数が高いと高音に聞こえます。

通常、人間が聞き取れる音の周波数範囲は、概ね20Hz～20kHzだと言われています。他方、犬は15Hz～50kHzですので、犬には聞こえていても、人間が聞き取れない音がたくさんあります。なお、同じ人間であっても、どの程度の低音／高音まで聞き取れるかはかなり個人差があります。

他方、こうした個人の聴覚能力の差よりも、特定の対象にどの程度意識が向けられてるかのほうが、実際の知覚には大きく影響します。例えば、そのことを示す1つに「カクテルパーティー効果」と呼ばれる現象がありますが、ご存知でしょうか。

これは、カクテルパーティーのように、たくさんの人が雑談している中でも、自分が関心のある人の会話、自分が興味のある話題、自分の名前などは、自然と聞き取ることができる現象を言い表したものです。皆さんも、駅や空港、あるいは飲み会の席などで、同様の体験があるではないでしょうか。

すべてのモノが独自の振動をしている

絵画について考えみても、絵の対象、色の濃淡、線の強弱、大きさなど、視覚的な観点だけでも様々な要素が統合されて1つの作品を成しています。一方、エネルギーという観点で見ると、これらの各要素に対応した周波数が重なり合って1つの作品を形成してることになります。

なお、これは、絵画ばかりでなく、私たち人間も含めてすべてのモノに当てはまります。形あるモノも、ないモノも、すべてのモノが素粒子から構成され、その総体としての固有振動数を持って振動しています。

もし、このイメージを体験したければ、この次に〝バイバイ〟と誰かに手を振るときに、自分と相手の手の動きをよく見比べてみてください。必ず、何かしらの違いがあるハズです。

他方、エネルギー状態、つまり固有振動数は一瞬一瞬変化しています。先ほど、植物や水の状態が相対する人の状態で変化する例を紹介しましたが、生物の場合はこの変化がさらに顕著に現れます。

例えば、「期待していた商談が失敗に終わって肩を落としながら歩いてる途中で、別のお客さんから大口注文の電話が入って、一瞬にして気持ちが晴れやかに変わった」なんて経験はないでしょうか。ここまで極端でなくても、気力が漲っている午前中と、疲労感の溜まってくる夕方では、明らかにエネルギー状態が変化していることは、誰もが日々感じていると思います。このとき、固有振動数もまた変化しているのです。

波としてのエネルギー伝達

異なる固有振動数を持つ複数のモノが同じ〝場〟に置かれたときは、どのように影響を与え合うのでしょうか？　それは、先ほどのスリット実験のときと同様に、「波の干渉」が起こります。

基本的には、同調する振動数成分の波は互いに強め合い、逆に同調できない振動数成分の波は打ち消し合います。

また、この他、新たな振動数成分の波を生み出したりもします。

ちなみに、他人との相性について、「あの人とは〝馬〟が合う」、「あの人とは〝波動〟が合わない」といった表現をたまに耳にしますが、これはお互いが持っている固有振動数の干渉具合のことを、体感的に表現している言葉だと思われます。

作品が持っているエネルギーの伝達についても、基本的には同じです。作品側の固有振動数は生物ほど大きく変化しないと考えられますが、鑑賞する私たち個々が持っている固有振動数はそれぞれ異なるので、作品を見たときの影響の受け方も当然変わってきます。また、同じ人でも、その時々の状態によって受ける影響が変わってきます。

もう少し理解を深めるために、この様子を第2章の「扇風機モデル」に置き換えて考えてみましょう。外に吹く風を扇風機が捉えて発電するときと同じように、私たちの五感(プロペラ)が作品のエネルギー(風)を捉えるのに適した状態で、さらに心(モータの巻線)が〝整然〟とした状態であれば、作品が持つ様々なエネルギーを感受して心が動きやすくなるでしょう。しかし、心が〝雑駁〟な状態であれば、作品にエネルギーがあっても、心は動きにくく無感のままです(発電には至りません)。

7　最終的に現実を創る決定的要素

観察者効果とは

私たちの常識からすると、素粒子が粒子と波の両方の性質を持っているだけでも想像しがたい現象ですが、素粒子にはさらに驚く性質がもう1つあります。

先ほどのスリット実験において、手前のスリットがある壁の周辺にカメラを設置すると、電子銃より発射された素粒子から途端に波の性質が消え、野球ボールのときと同じように球の痕跡が縦長の２本の線のみになります。

まるで先生が見ていないときには自由奔放に教室を駆け回っていた子供たちが、先生が見ているのを察知した途端に行儀よく席に着くように、素粒子が振舞いを即座に変えるのです。この奇妙な現象は、「観察者効果」と呼ばれています。

ここで、この実験におけるスリットを、私たちの思念の枠組みに置き換えて考えてみましょう。私たちが観察を始めると、瞬く間に素粒子から波の性質が消え、観察者の「こうなって欲しい」、「こうでなければならない」といった期待どおりに、粒子として振る舞ってくれます。

つまり、先ほどまで説明してきた波の性質が素粒子から消え、個々の観察者の期待に応じたスリットの形どおりの痕跡を創り出してくれます。

目の前の現実はこうして創られる

「観察者効果」は、私たちに大きな希望を与えてくれると思いませんか？　何しろ、すべての物事の根源である素粒子の振舞いを、自分の望みどおりにコントロールできるわけですから。

しかし、これは、同時に、十分に注意を払う必要があることも意味します。

儒教の「大学」の中に、『心ここに在らざれば、見えども見えず、聴けども聞こえず、食らえどもその味を知らず、(これを〝身を脩むるはその心を正すに在り〟と謂う)』という有名な教えがあります。

これは、心が他所に行っていれば、相対するモノとの相互作用が起きないことを意味しています。また、強い固定観念や思念を持って相対しても、やはり相互作用は起こらず、その固定観念どおり、思念どおりに、現実が形づくられていくことになります。

松下幸之助氏も、『〝私心〟のない状態でないと物事の実相や本質を見誤る』と語っていますが、素粒子のこうした性質やエネルギーの伝達の仕組みを考えると、大いに納得ができます。

【まとめ】 本章では、主に心の状態が物質的な現実に影響を与える仕組みについて話してきました。すべてのモノの基本構成材料となる素粒子の性質を考慮すれば、「観察者である私たちがすべてを決めている」と科学は言っています。つまり、私たちは、「自分がつくりたいように現実を創っている」し、「自分が体験したいように現実を生きてる」ということになります。

これを聞いて、「そんなことはない!」、「ちっとも思いどおりになんかいっていない!」と思っている方も多いかもしれません。

もし、そうだとすると、知らず知らずのうちに起きている心の状態「モンキーマインド」が、その実現を阻んでいるのかもしれません。

そこで、次章以降では、モンキーマインドの性質に触れ、納得のいく「豊かな人生を創造する」ために、何をする必要があるかという点を明らかにしていきます。

第4章　捉えどころがない気ままな〝心〟の性質

1　ワクワクが止まらない夢見る心

心待ちにしていた商品が届く

突然ですが、今、何か注文している商品はありますか？　もし、あれば、それが届いたときのことを、目を瞑ってイメージしてみてください。もし、ないという方は、注文したいと思っていた商品、もしくは最近購入した商品が手に届いたときのことを回想してもかまいません。

「どんな形か…」、「どんな色か…」、「どんな音がするか…」、「どんな匂いがするか…」、「どんな気持ちでいるか…」、「どんな表情をしているか…」、「周りの人はどんなことを話しかけてくるか…」等々、より具体的にイメージしてみましょう。

どうでしたか、うまくイメージできましたか？　これから、少しだけ別の話題に移りますが、この感覚を少しの間だけ覚えておいてください。

長年の願望が叶う

『1・6・8・2・2・…いよいよ最後の数字〝8〟、「やったー　当たった！　1億円、まさか、自分が信じられない」』。

宝くじを買ったことのある人なら、誰もがこんな光景を1度は夢見たことがあると思います。ここで、宝くじを買ったことがない人も含め、もし、1億円あったら何をしたいでしょうか？

「欲しいもの…？」、「行きたいところ…？」、「食べたいもの…？」、「やりたいこと…？」、何でもかまいません。自由に想像してみてください。

もし、思い浮かばない方は、宝くじとは関係なく、何らかの望みが叶う場面でもかまいません。

例えば、「売上目標を30％過達している」、「大口商談を受注している」、「新規企画が承認されている」、「役員に昇格している」、「資格を取得している」といった仕事のこと。

あるいは、「今度の連休に家族と海外旅行に出かけている」、「憧れの人と食事をしている」、「諦めていたイベントのチケットが手に入っている」といったプライベートのことなど、何でもかまわないのです。とにかく、自分が実現したいことを何か想像してみてください。

次に、その中からどれか1つを選んで、先ほどの注文した商品の到着のときと同じように、できるだけ具体的に、その願望を体験していることをイメージしてみてください。

「どんな形か…」、「どんな色か…」、「どんな気持ちでいるか…」、「どんな表情をしているか…」、「周りにいる人はどんなことを話しかけてくるか…」等々、より具体的にです。

そして、目を瞑り、そのイメージを続けながら1分間楽しんでみてください。

願望が一緒に携えてくるもの

どうでしたか、イメージし続けることができたでしょうか？

商品の到着のときと、今回では何か違いはありましたか？　1分の間、ずっとワクワクした状態を続けられた方は、どの程度いるでしょうか？　おそらく、10人に1人もいないと思います。

多くの人は、そのうち何か他のことが心に浮かんできたのではないでしょうか？　例えば、「あっ、そうだあれやらなきゃ」、「こんなことやって何か意味あんのかなぁ」、「お腹空いたなぁ」…、といった別の事柄。

あるいは、「そんな都合のいいことは起きっこないか」、「やっぱり自分には無理だ」、「あれもあるし、これもあるし、あぁーやっぱダメか」…、といった否定的な考え。

もしかすると、商品の到着をイメージしたときから、すでに心の中がグルグルして、「ハッキリとイメージし続けられなかった」という方もいるかもしれません。

モンキーマインド現る

その原因は、第1章で紹介した〝モンキーマインド〟が走り始めるためです。でも、安心してください。どちらかと言うと、これが普通の心の動きです。

普段は、あまり意識していないので気づかないかもしれませんが、あることに集中しようとすると他のことが心に浮かんできたり、ある願望を抱くとそれを打ち消すような否定的な考えが一緒にやってきたりします。

また、抱いた願望が大きければ大きいほど、モンキーマインドの活動も活発になっていきます。

一方、第2章で説明したように、第1の現実は心の中で創造されます。もし、イメージがあやふやだったり、いったんイメージができても、それを打ち消すような消極的な考えや否定的な考えが心に浮かべば、創造の力は弱められてしまうか、あるいは消え去ってしまうことになります。

他方、ごく少数の人は、願望をイメージし続けることができたかもしれません。また、最初と次のイメージのときで差があったという方も多いでしょう。この違いは、どこからくるのでしょうか？

1つには、「フォーカス力」（集中力）の問題があります。フォーカス力は、表現を変えると「今に留まる力」です。前章で説明した〝慣性〟と同じです。あるいは、「モンキーマインドを征服する力」と言ってもいいでしょう。後ほど詳しく説明しますが、1つのことにフォーカスが続かない理由は、脳の仕組みにあります。

一方、この「フォーカス力」の差が、願望の実現に驚くほどの違いをもたらすことになります。なぜなら、フォーカス力は、地中に埋まった宝を掘り出すドリルのように機能するからです。せっかく望んでいる宝物をめがけて穴を掘り始めたのに、ドリルの先端がしょっちゅう別の方向を向いていたり、掘る場所をあちこちと変えたりしているのでは、なかなか宝物には辿りつきません。他方、フォーカス力の差が、先ほど第3章で紹介した、「観察者効果」に大きな影響を与えます。これについても、後ほどじっくりと説明します。

まずは、否定的な考えが私たちの心の中で想起される原因について、もう少し詳しく探っていきましょう。

2　何が心の自由を奪うのか？

すべてを断ち切る〝疑い〟という刀

心の中でイメージを保持し続ける時間を大きく左右する要因の1つに、「このワークを行うことや、自分が設定した願望を本当に受け入れているか？」といった問題があります。どこかに〝疑念〟はないでしょうか？

至極当たり前のことですが、そもそもワークをやる意義がないと思えば、そこから先のイメージも何もあったものではありません。

なお、ここでわざわざ取り上げる理由は、「ここでのワークだけでなく、普段の仕事や生活における多くの場面で同じことをやっていませんか？」ということを振り返って欲しいからです。目の前の情報や物事に関してすぐに価値判断を下して、自分が同意できなければ排除してしまう。あるいは、〝疑心〟を抱いたままいつまでも中途半端な気持ちでいる。

〝効率〟という点においては、多くの場面でそのやり方は役立っていることでしょう。一方で、何らかの〝変化〟を生み出す芽を一刀両断してしまっているという側面もあります。なぜなら、このときの価値判断は、これまで蓄積してきた〝過去〟の自分の知識や経験をベースに行うことが多いからです。よほど注意を払わないと、変化の芽、すなわち新しい価値観や概念をことごとく排除してしまう可能性があります。

願望に対する受容のレベル

他方、願望に対する疑念の生起は、「願望が達成される見通しを自分自身がどう評価しているか？」という点と大きく関わっています。最初と2回目のワークで、願望をイメージし続けられるレベルに差が生じたのはこのためです。

抱いた願望が自分の受容範囲内にあれば、達成に対する疑いの余地はほとんどありません。しかし、受容範囲外の願望については疑いがついて回ります。

例えば、家族や仲のよい友人と食事に行くといった願望であれば、すでに何回か経験したことがあるため、仮に今週末の予定が合わないとしても、別の日に調整すれば済みます。これなら、達成に関して疑いが湧くことはまずないでしょう。

一方、例えば、「来期中に海外に進出する」という受容の範囲外にある願望を抱いた場合はどうでしょう。暫くすると、心のどこかで「何らかの事情で実現できないかもしれない」という思いが湧き起こってきます。

それは、時間の問題かもしれませんし、お金の制約かもしれません。あるいは、遂行能力に関する自己評価かもしれません。また、チームメンバーの性格的な事由かもしれません。

ここでは、単なるワークなので、ただ純粋に願望をイメージしながら楽しめばよいのに、いつの間

【図表８　モンキーマインドのイメージ】

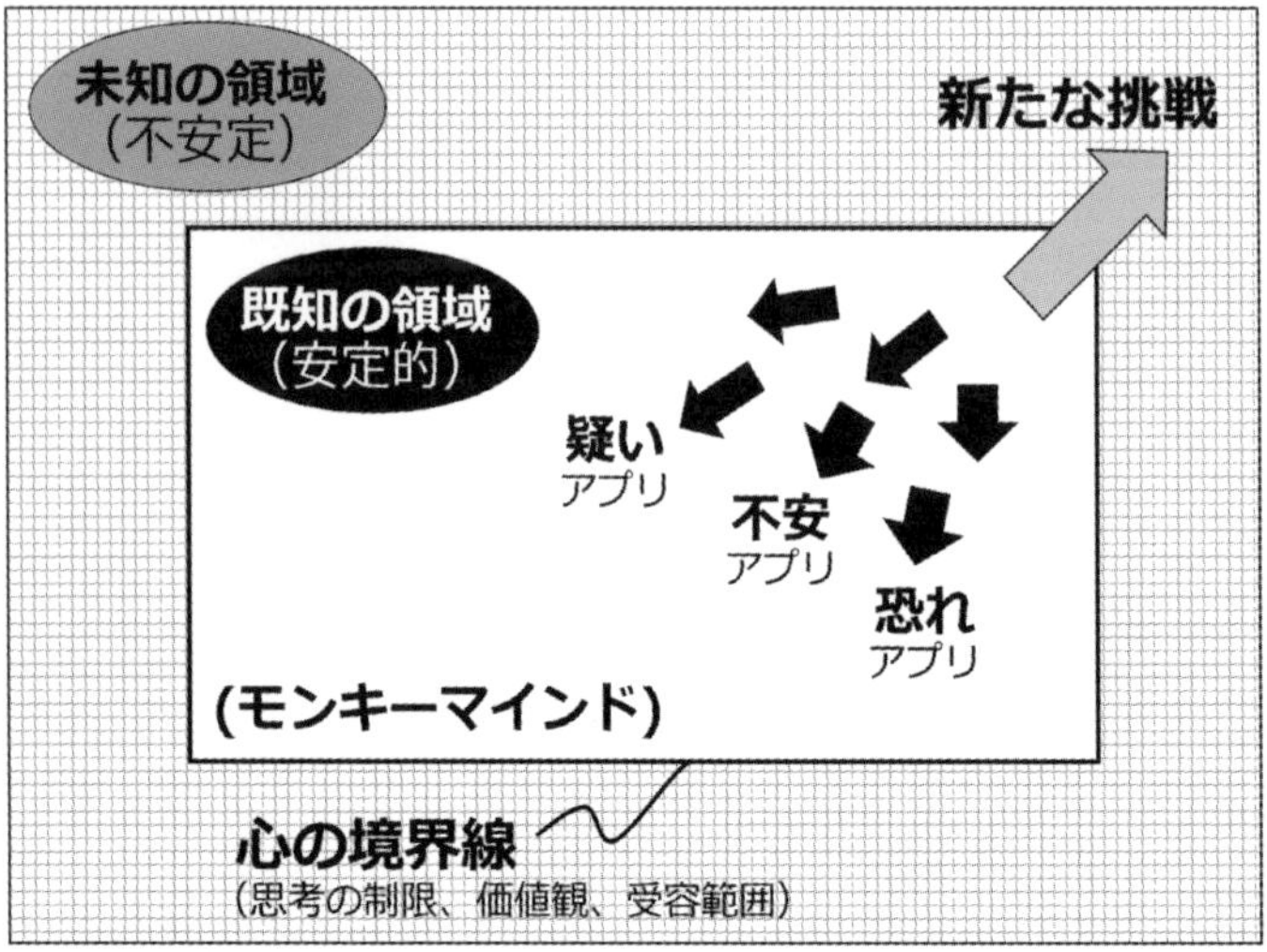

にか分析が始まり、その結果、願望を達成できる見込みが少しでも疑われ出すと、次第に心の中でモンキーマインドが走り始めます。

〝失敗〟という恐れ

そして、心は、「止めておけ」と呟き始めます。なぜなら、「〝失敗〟するかも」という〝不安〟や〝怖れ〟が心を支配してくるからです。そして、心の中で、「やりたい ⇕ 止めておけ」の葛藤が始まります。あるいは、様々な理由をつけて「止める」ことを正当化し始めます。

ここで、誰かがこの葛藤に気づいて止めてくれればラッキーですが、心の中で起きていることなので、それはごく稀なことです。私たち自身が、心の中で自動的に始まった分析やモンキーマインドに気づいて一時停止しなければ、多くの場合、最後には「やらない側」に軍配が上がります。というのも、現状を維持すれば、「〝失敗〟して、何かを失うかもしれない」という〝不安〟や〝怖れ〟から解放されるからです。

分析は、ある物事を達成するために、「今、何が不足しているか？」、「あと、何がどの程度あれば達成できそうか？」といった観点で、客観的に行う分には効果的です。しかし、ここでの分析は、そういった合理的なものではなく、感情や過去の体験に基づいた非合理的な分析です。しかも、ほとんど気づかないうちに瞬時に行われています。

願望を知らず知らずのうちに自動却下してしまわないようにするためには、願望をしっかりと保持する仕組みと、分析やモンキーマインドの自動走行に気づいて、それを一時停止する仕組みが必要となります。この方法については、のちほど詳しく説明します。

安定という引力

心の自由を奪うもう1つの原因に、「より安定的な状態を取ろう」という力の作用があります。これは、ある意味、自然の摂理により生じます。

エネルギー的に最も安定している状態を物理学では「基底状態」と呼びます。つまり、「現状維持」です。なお、この状態は、エネルギーの活性度が最も低く、新たなエネルギーを必要としません。一方、現状からの変化が大きくなるにつれ、次第にエネルギーの活性度も高くなっていきます。また、どんどん不安定な状態になります。

これは、高い山に登ることをイメージしてもらうと容易に想像がつきます。まず、高い山に登るためには、新たな登坂エネルギーが必要となります。さらに、山を登るにつれて足場はどんどん狭くなり、気候も変わりやすくなります。予想ができないことが増え、何か起きたときの対処も次第に、これまで体験したことがないものになっていきます。つまり、状態はより不安定になっていきます。

このため、自然とより安定的な状態に戻ろうとする力が働きます。自分自身の心もそうですし、周囲の人も元に戻そうとしきりに働きかけてきます。ある意味とても自然な流れです。しかし、山頂に行くためには、それらの力に打ち克つ必要があります。その力とは何でしょうか？

イギリスの登山家　ジョージ・マロリーは、1923年にニューヨーク・タイムズの記者に「なぜ、山（エベレスト）に登りたいのですか？」と質問され、『そこに、山（エベレスト）があるからさ』と答えています。そう、やりたいことに、難しい理由などないのです。「ただ純粋に登りたい！　やってみたい！」という気持ちが、安定へと引き戻そうとする力より勝っているだけなのです。

3　なぜ、名経営者たちは僧侶をメンターに持つのか？

僧侶をメンターに持つ名経営者たち

次に、少し違った側面から心の気ままな性質について見ていきます。

僧侶をメンターに持つ経営者が多くいますが、ご存知でしょうか？

例えば、稲盛 和夫氏は、京都の円福寺（元臨済宗妙心寺管長）の、西片 擔雪《たんせつ》老師を心の師と仰ぎ、若い頃から会社経営に悩むと老師のもとに相談に出向いていたそうです。

この他、松下 幸之助氏は、経営に迷いが生じる度に、真言宗醍醐派の僧侶であった加藤 大観師に相談していたと言います。なお、大観師は、いつでも松下氏の相談にのれるようにと、１９３８年からは会社の中に居を構えています。パナソニックには、今でも加藤 大観師の名が冠せられた神仏を祀る大観堂という堂宇があり、また真言宗醍醐派の僧侶が社員となって、関西エリアの事業者に設置されている計24か所の「社内社《やしろ》」の祭祀一切を仏式で務めているそうです。

他方、わずか一代で世界一の精密小型モーター会社を築いた、日本電産の創業者である永守重信氏も、寺院ではありませんが、「経営判断に悩んだときに、相談に行く京都の神社がある」と、以前に語っていたことがあります。もしかすると、皆さんの中にも、同じように僧侶をメンターにお持ちの方がいるかもしれません。あるいは、そうでないにしても、何か大切なことを祈願しに行く神社やお寺があるという方は多いのではないでしょうか。

僧侶にどんな相談をするのか？

それでは、具体的にどんな相談をしていたのでしょうか。例えば、松下氏は、講演の中で大観師にこんな相談をしたことがあったと語っています。

『あるとき、同業他社が不正に商品価格をダンピングして、当社から次々にお客さんを奪っていたことがあった。その状況に対し、私はどうしても納得がいかずに、「当社も価格を下げて対抗したいがどう思うか？」と大観師に相談したところ、大観師は「それはおおいによろしい。どんどんやったらいい…。あなたがまだ数人の会社の社長であれば私はこう言って背中を押すが、今は従業員が１００人以上いる。今のあなたの決断の中には〝怒り〟がある。そういう状態で事を決めてもうまくいかない」』と答えたそうです。

それを聞いた松下氏は、「何が正しいか？」を再考し、最終的に価格を据え置くことを決めました。それから間もなくすると、ダンピングした同業者が品質問題を起こし、お客様は再び戻ってきたそうです。

松下氏は、とりわけ「私心のない心」ということを大切にしていましたから、おそらく自分が下した判断が、本当にその観点に根ざしているか確信のもてないときに、このような相談をしていたのでしょう。また、そのぐらい心は移ろいやすく、判断を誤るリスクがあることを十分に承知していたのだと思います。

4　七変化する欲求レベル

自分の心の状態をつかむ

心は、なぜそれほどまでに移ろいやすいのでしょうか？　稲盛氏や松下氏のように、適切なメンターを持てればよいですが、なかなか叶わないという方も多いでしょう。また、仮にいたとしても、「今、自分の心がどのような状態にあるのか？」ということを、少しでも客観的に把握できれば、自分自信で対処できる幅も広がっていきます。

後ほど、具体的にその対処方法を話していきますが、まずは、心が移ろいやすい原因について、もう少し理解を深めていきましょう。

再びマズローの段階欲求

ここで、「マズローの欲求段階」を使って、各欲求がどのように生じるか確認していきます。

図表9は、各欲求段階に応じた、想念の基盤と心の状態を対応させたものです。マズローの欲求段階説については、第1章で少し紹介しましたが、あらためて欲求段階説について説明します。

まず、最下位にある①生理的欲求は、人間が生きていくために必要不可欠な、基本的かつ本能的な欲求で、食欲・睡眠欲・排泄欲・性欲などがこれに当たります。次の②安全欲求は、危険を回避して安全に生活したいという欲求です。経済的な安心感を得たいといった欲求もこの段階に含まれます。

続いて③所属欲求は、所属と愛の欲求とも呼ばれています。家族や組織などの何らかの集団に所属し、その一員となって受け入れられたい、安心感を得たいという欲求です。

その上位の④尊厳欲求は、承認欲求、あるいは尊重欲求とも呼ばれています。他者から尊敬され

【図表９　マズローの段階欲求】

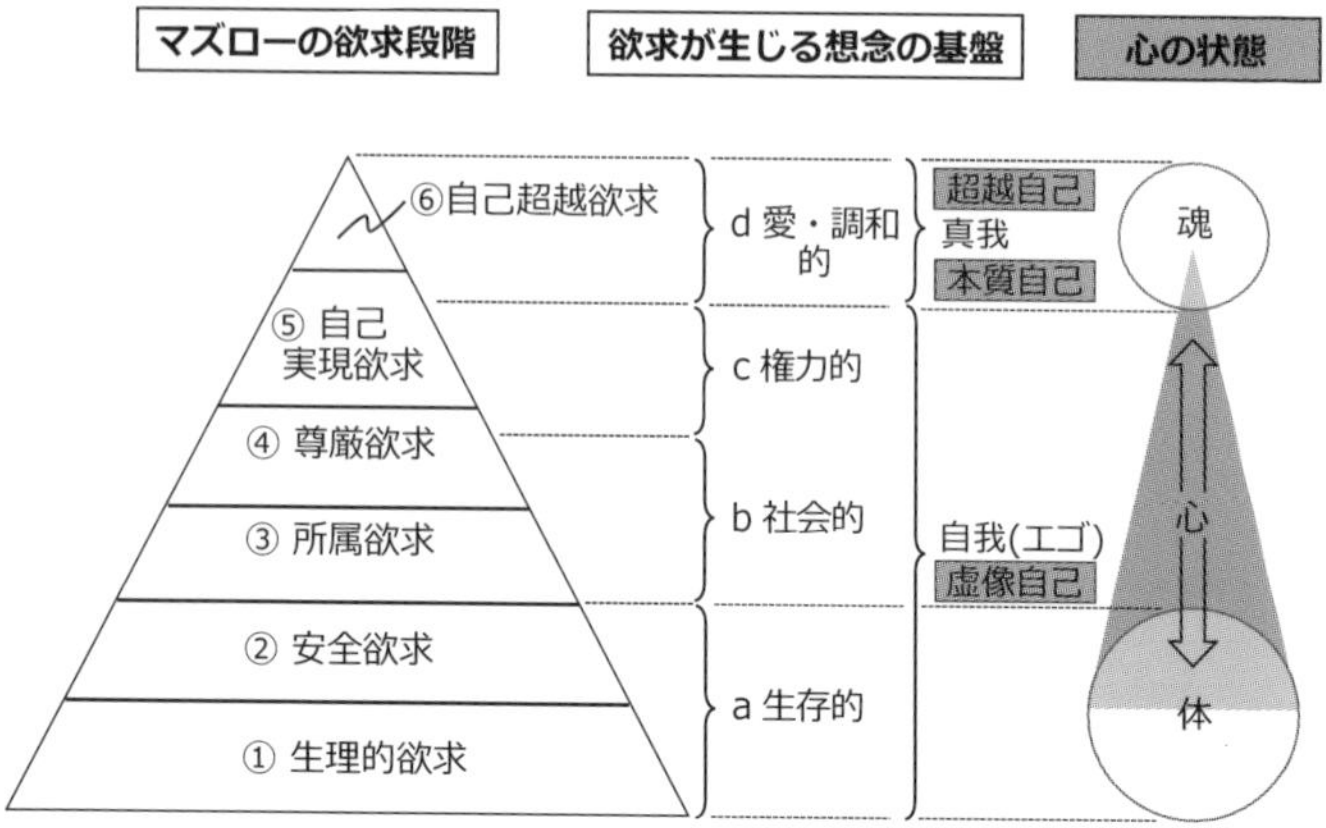

たい、自分の能力を認められたい、より高い地位につきたいといった欲求を指します。

さらに⑤自己実現欲求は、自分にしかできないことを成し遂げたい、自分らしく生きたいという欲求を指します。

ここまでが、よく紹介されているマズローの5段階欲求です。

マズローの欲求段階には6段目があった

実は、マズローは、後になって、これらの欲求段階の上にさらに「自己超越欲求」という状態があると語っています。この自己超越欲求の解釈には諸説ありますが、そのヒントになるような言葉を、晩年のマズローが次のように語っています。

『感情のピークが過ぎれば、とても素晴らしいものが沈殿物のように残る。それは、統合された意識のようなものだ』。

また、マズローは、その〝静か〟で、〝すばらしい〟意識状態に留まっている経験のことを、「高原経験」とも呼んでいました。

これらの言葉と、「自己超越」、「高原経験」といった表現から解釈すると、〝自分にしか〟とか、〝自分らしく〟とかいう欲求を、さらに超越しているように思えます。

そもそも、〝自己〟を追い求めている状態というのは、まだそこに何らかの欠乏や不足が残っている可能性があります。その点、「自己超越」まで達すると、もはや欠乏や不足といった側面は微塵もなく、そこにあるのはただただ「その状態にある」、「それを楽しんでいる」といった純粋さだけになります。

例えば、第3章で紹介した棟方氏が作品を製作しているときの写真（図表5）を見ると、もはや〝自己〟というものすらないように感じませんか？

まさに、没我そのもの。版木や彫刻刀と一体になっています。それもそのはず、棟方氏いわく『私が彫っているのではありません。仏様の手足となって、ただ転げ回っているのです』と彫刻しているときの心境を語っています。

欲求段階ではなく欲求状態

他方、マズローの欲求段階については、第1章でも話したとおり、下位の欲求が満たされると、より上位の欲求に移行していくといった解説がよく見られますが、これらの欲求は、常に同時に存在しており、対象やその時々の状況によって、どの欲求が強く前面に出ているかだけの違いです。

例えば、スティーブ・ジョブズのように、私たちから見ると自己実現を達成したと思えるような人でも、お腹が減ったり眠くなったりすれば、①生理的欲求が前面に出てきます。また、生命の安全が脅かされるような状況になれば、②安全欲求が前面に出てきます。実際、ジョブズは、癌と診断されたときには、『1日中診断結果のことを考えた』と語っています。さらに、③所属欲求に関して言えば、家族との繋がりをとても大切にしていたようですし、④尊厳欲求に関連したところでは、こと新商品の開発に当たっては、かなり強引に周囲をねじ伏せる場面が度々あったようです。

これは、何もジョブズに限ったことではなく、すべての人に当てはまることです。しかも、状況に応じて瞬時に切り替わるので、欲求段階と捉えるより、むしろ欲求状態と捉えたほうがピッタリきます。その時々の状況に応じて、「各状態にどのぐらい長く留まっていられるか」の違いだけなのです。

一方、多くの人は、下位側の欲求に対してより大きな力が働きます。なぜなら、下位側の欲求は、人間の本能的な性質に根づいているからです。

試しに、昨日、朝起きてから夜寝るまでの間に、自分の心が何でどのぐらい占められていたのか？振り返ってみるとよいでしょう。

「何を食べるか」、「何を着て行くか」、「人からどのように見えるか」、「こんなことを言っても大丈夫か」等々、おそらく多くの時間が下位側の欲求で占められていたのではないでしょうか？

後ほど、第5章の脳のところでも詳しく話しますが、これはある意味とても自然なことです。ただし、それだけによほど注意しないと、直ぐに下位側の欲求に引き寄せられます。また、心が揺れ動く原因、すなわちモンキーマインドが自動走行を始める原因ともなります。

5　欲求を生み出す思念の基盤と心の関係

生存的想念が生み出す「人間固有の欲求」

ここで、図表9を用いて、先ほどの欲求状態に応じて、なぜ心が揺れ動くのかということについて、もう少し詳しく話します。

図表9には、各欲求とそれらの欲求が生まれる想念の基盤、そして第2章で紹介した「心と体と魂」の関係モデルを対応づけて示してあります。

まず、下位にある「①生理的欲求」と「②安全欲求」は、動物としての本能である「a：生存的な想念」が基盤となって生じます。主に肉体の維持や生殖に関わる想念を指しますが、これらの基本欲求が満たされると、人間の場合、次第に「より快適」、「より官能的」であることを求める「快感欲求」を生じるようになります。

詳細は、後ほど話しますが、この人間固有の性質が、様々な身体反応や感情の中毒を引き起こす原因にもなります。

社会的想念と権力的想念が生み出す「常識や支配」

次に、「③所属欲求」～「⑤自己実現欲求の一部」は、「b：社会的想念」や「c：権力的想念」が基盤となり欲求が生じます。

ここで「b：社会的想念」とは、ある集団や組織におけるルールや文化に対する認識を指します。なお、法律や規則といった明文化されたもの以外に、同調圧力として知らず知らずのうちに働く〝常識〟や〝倫理観〟のようなものも含みます。例えば、コロナ禍におけるマスクの装着や消毒をイメージしてもらうとわかりやすいかもしれません。

「○○でなければならない」、「○○することが望ましい」といった暗黙の線引きがあって、それを逸脱すると集団内における居心地が悪くなったり、その集団に留まることが難しくなったりするため、私たちはそれらの規範に対してできるだけ従順になろうと努めます。

ちなみに、人間は、「社会性の生き物」と呼ばれています。人間は、他の動物と比べ、「早く走る」、「早く泳ぐ」、「空を飛ぶ」といった秀でた運動能力がないため、遠い昔には多くの危険にさらされ、捕食されることすらありました。そこで、知恵を絞り、周囲の人たちと協力することで身を守り、安全、快適に暮らす術を長い歴史の中で身につけてきました。

逆に言えば、ひと昔前までは、集団や組織から逸脱することは危険や死に直結する恐れがありました。このため、思いのほか「b：社会的想念」が強く働くのは、DNAに組み込まれた本能的な性質とも深く関係しています。

他方、「ｃ：権力的想念」とは、ある集団内や組織内において「一定の力を行使したい」、「集団や組織を支配したい」と望むような思考を指します。この想念が、「もっと欲しい、もっと欲しい」という欲求や、他者との比較をベースとした「競争的な性質」を生み出します。

競争的な性質は、〝劣等感〟や〝不完全感〟を生じさせる一方で、これが原動力となって、個人の能力をはじめ、科学や技術、さらには文明が発展してきた側面もあります。このため、よい／悪いといった単純な話ではなく、こういう性質があるという点を理解しておいてください。

なお、ここまで話した「ａ～ｃの想念の基盤」をまとめて、「自我（エゴ）」と呼びます。松下幸之助氏の「〝私心〟に囚われることなく」と語っている私心も、主にこの範囲を指していると考えられます。そして、この自我の中で「揺れ動く自己」が、「モンキーマインド」の正体です。

詳しくは、次節で説明しますが、この自我が作用することで多くの感情が生み出され、それにより心が揺れ動き、モンキーマインドが活発に走り回ることになります。

愛と調和的な想念が生み出す「純粋無垢な一体感」

最後に、上位にある「⑤自己実現欲求の一部」と「⑥自己超越欲求」は、「ｄ：愛と調和的な想念」を基盤に生まれます。この想念は、自我に対応して「真我」とも呼ばれています。なお、第２章で稲盛 和夫氏が提唱している同心円上に展開された「心の重層モデル」を紹介しましたが、その最も中心にあった「真我」もこれと同じだと考えられます。

他方、ここでの愛や調和とは、対象に対する純粋無垢な思いや、対象との一体感のような意味と理解してください。自我や価値判断に縛られることのない、心の底から湧き起こる「コレやってみたい！」、「コレ欲しい！」、「コレ実現したい！」といった純粋な願いです。

もちろん、それが「誰かのために…」という願いであれば素晴らしいですが、自分のためであっても一向にかまいません。

大切なのは、心の底から湧き起こる純粋さだけです。後ほど詳しく話しますが、実は「魂」もこの状態にあることを望んでいます。

一方、今の欲求が、「〝自我〟と〝真我〟のどちらを基盤にして、湧き起こったものなのか？」という見極めは、難しい場合が多々あります。それ故に、名経営者たちも悩み、時にはメンターに相談しながらことを進めてきたのでしょう。

以上、ここまで各欲求が生み出される基盤となる想念について見てきましたが、これらの想念も常に同時に存在しており、どの想念がより強く働いているかによって、前面に出てくる欲求が変わってきます。そして、心の状態もそれに合わせて移ろっていきます。

想念の状態が下位にあるときは、体側の影響をより強く受けますし、逆に想念の状態が上位にあれば魂側の影響を強く受けます。そして、どちらかというと下位側の想念により強く引っ張られる傾向にあります。

それは、先ほど話したように、本能的な性質がより強く作用するためで、1日の中で自分の心がどんな欲求で占められていたかを振り返ってもらえれば、事実としても容易に理解できるでしょう。

6　心を揺さぶる自我（エゴ）とは何か

念願の対面が叶う、しかし…

ここで少し想像してみてください。1週間後に、念願だった人と急に会えることになりました。「取引先の役員」、「尊敬していた人」、「憧れ人」、「意中の人」等々、誰でもよいので1人思い浮かべてみてください。

ただし、1つだけ条件があります。相手は皆さんのことをあまりよく知りません。このため、面会の中で自分のことをよく理解してもらう必要があります。

いよいよ待ちに待った当日を迎えます。身支度を始めますが、ここで服のシミに気づきます。また、身につけていくはずの時計や指輪がいつもの場所に見当たりません。時間がないので仕方なく別の服や別のもので間に合わせます。

そして、対面のとき、ここで相手に気に入ってもらえれば、今後も度々会うことができるかもしれません。このため、この1週間「初めに、こんな自己紹介をしよう」、「それから、こんな話をしよう」、「こんなことを聞かれたら、あの話をしよう」、「終始にこやかでいよう」等々、いろいろと思案してきました。

しかし、結局、緊張のあまり、思ったことがうまく話せず、相手の反応もいま1つでした。本当の自分を伝えられなかったことが、悔やまれてなりません。

こんな状況を1度ぐらい体験したことがないでしょうか。あるいは、何かの試合や試験、面接などでもかまいません。「本来の自分の力を発揮できず、よい結果に繋がらなかった」という経験はないでしょうか？

コントロールできない苛立ち

こうした状況下で、直ぐに事実を客観的に見つめて、「○○が足りなかった」、「次回は、もっとこうしよう」と、冷静に振り返るのはなかなか難しいものです。プロのスポーツ選手ですら、負けた試合の直後は、苛立ちや落胆を隠しきれないといった場面を度々目にします。

しかも、最初は、「少し残念だったな」程度の気持ちだったのが、徐々に苛立ちに変わったり、あるいは自分や相手に対する怒りに変わったり、状況によっては絶望の淵に立たされたような深い悲しみに変わることすらあります。

加えて、こうした心境の変化は、自動的に起きてくるので、なかなかコントロールのしようがありません。なぜ、このような心境に陥ってしまうのでしょうか？

もちろん、実際に、緊張感から委縮してしまい、期待どおりにならなかった無念さや歯痒さはあるでしょう。

しかし、この他にも、こうした心境の変化を助長する要因があります。

理想の自己イメージ「虚像自己」の崩壊

その1つに、理想の自己イメージの崩壊があります。客観的に見れば、その対象となった出来事の前・後で、本来の自分や本当の自分の力というのは、ほとんど変わってないハズです。

一方、多くの人は、本来の自分というものを主観的な自己イメージの総体として保持しています。総体ですから、その自己イメージの中には、対象となった出来事の結果とは何ら関係のない事柄も数多く含まれています。

例えば、「これまで何度も修羅場をくぐり抜けてきた私」、「海外で活躍してきた私」、「有名な○○大会で優秀な成績を残した私」、「稀少な○○を所有している私」等々。さらに、「○○でなければならない私」、「○○でありたい私」といった理想の自己イメージも持ち合わせています。

ここで、ある物事が思いどおりにならなかった場合、この自己イメージの崩壊や縮小が起こります。「○○に失敗した私」、「○○で力を発揮できなかった私」等々。

体に小さな棘が刺さっただけでも痛みを感じて体全体のパフォーマンスに支障が出るのと同じように、どんな小さな自己イメージの崩壊でも、自己全体が傷つけられたように感じます。場合によっては、あたかも自分自身の一部が失われたような感覚に見舞われることすらあります。

ここで厄介なのは、「自己イメージが傷つけられた」という自覚がないと、棘が刺さったことすら気づかずに、ただ訳もわからず大きな苦悩だけを感じることになります。

これが、ある失敗をきっかけに、自分でもどうしようもないほどイライラが募ったり、激しい怒りに発展したり、深い悲しみに見舞われたりする要因となります。

なお、自我には様々な定義がありますが、本書では、この本当の自分と同一視している、あるいは同一したい自己イメージのことを、「自我」または、「虚像自己」と呼んでいます。

自我の芽生え

生まれたばかりの赤ちゃんには、自我がありません。つまり、自分と外界との区別がありません。自分が見るもの、触れるもの、感じること、すべてを自分の一部として知覚します。それから数か月経つと、ようやく自分と、いつも近くにいて世話をしてくれる母親と、その他一同の世界の３つぐらいがあることをおぼろげながらに知覚し始めます。

そして、少しずつ「私の○○」という知覚が増えてきます。「私の手」、「私の足」、「私のお母さん」、「私の食べ物」、「私のおもちゃ」等々。それから、年を重ねる度に私を定義する物事が増えていきます。「出生」、「友人」、「経歴」、「所属」、「地位」、「役割」、「体験」…。さらには「私の考え」、「私の状況」にまで私が及びます。自分を取り巻くありとあらゆる人、物事、時間、場所…が、すべて私と結びついていきます。

こうして、「私が私であるための私」、俗にいう「アイデンティティ」が次第に確立されていきます。一方、この「私」の中には２つの側面があります。

１つ目は、あくまでも私（魂）が私をどう捉えるかという「私」と、２つ目は他者から見て私が、どう見えるか、どう見てもらいたいかという視点の「私」です。

他者基準の自我

多くの人の「私」は、他者基準の「私」の比重が圧倒的に高くなります。なぜなら、私たちは、成長していく過程で、親や教師、あるいは友だちや周囲の人たちから、「〇〇したら皆から笑われますよ」、「〇〇でないと仲間に入れてもらえませんよ」などと、ことあるごとに言われ、他者から見た自分を強く意識させられてきたからです。

こうして、次第に社会性や協調性を身につけていきますが、一方で、アイデンティティとしての「私」は、他者から見て「私がどう映るか」、「どう映りたいか」という、他者を基準とした自己イメージが優勢となって確立されていきます。

ちなみに、この自己イメージには、意識下にあるものと、無意識下にあるものがあります。最近意識し始めた自己イメージであれば、まだ自覚しやすいかもしれませんが、幼少期から少しずつ確立してきたような自己イメージは、無意識下に追いやられていることが多いので、自覚することがかなり難しくなります。

これは、何らかの痛みを感じたときに、外傷であれば比較的容易に気づくことができますが、体の内部で起きている場合は、痛みには気づけてもその原因まで把握することが難しいのに似ています。

自我の構造

他方、自我は、他者から見て「○○である私」、「○○でありたい私」、「○○であるべき私」等々。あるいは、「○○でない私」、「○○でありたくない私」、「○○であるべきでない私」といった自己イメージなので、その構造を支える他者の存在が必要不可欠となります。加えて、自我は、「私は特別だという感覚を感じたい」という性質を持っています。

ちなみに、この性質は、「よい／悪い」といった類のものではなく、体を維持するために酸素や血液が必要なように、自我が存続していくためにはこの感覚が必要不可欠なのです。

一方、自我を強化しようと思えば、当然他者との違いを際立たせる必要があり、そこには知らず知らずのうちに他者との比較や競争が生まれてきます。そして、特別な私を演出し、自我をさらに強化しようとするために、「もっと必要」、「もっと欲しい」、「まだ足りない」という欠乏感を基盤とした欲求が、次々と湧いてきます。

ちなみに、この他者は、状況や立場によって変わります。特定の個人の場合もありますし、集団や組織、時には国となる場合もあります。

例えば、家庭の中であれば、他者は妻や子供となり、「夫（妻）である私」、「父親（母親）である私」

る私」の自己イメージを強化したくなります。また、社内であれば、「部下や上司から見た私」を、経済活動であれば、「他社や顧客から見た私の会社」を、特別な存在にしたくなります。

松下氏が語っている「私心がないか？」や、稲盛氏の「利他の心に根ざしているか？」という自問自答は、この自己イメージの強化を基盤にしたものではなく、事実を客観的に捉え、本当に「世のため」、「人のため」になるかを観照したい場面で用いられてきたように思われます。

そして、自分が得心できる結論が出ないときに、メンターである師に相談していたのではないかと考えられます。

自我の膨張と強化

自我は、社会の中で生活していくために、「自分を律したり」、「理想の自己に近づけるように成長を促したり」と、多くの場面で役立っています。一方で、多くの弊害も生んでいます。

身体的な危機が差し迫る状況では、誰もが恐怖を感じます。しかし、現代の私たちの日常生活の中でそういった危機的状況に遭遇することは滅多にありません。それでは、なぜ、日頃、こんなにも不安や怖れを感じるのでしょうか。とりわけ、何か新しいことをやろうとするときに、ひときわ大きな不安や恐怖を感じるのはなぜでしょうか。実は、これも自我と大きく関係しています。

なお、体がこの物的世界で生活を送る上で欠かせないように、自我は精神面において私が私であるために必要不可欠なものです。もし、世の中の人が、すべて同じ顔、同じ体型だったらゾッとしませんか。同様に、全員が同じ性格や同じ能力を持ち、全く変わらない生活を送っているようであれば、それこそ面白みのない社会であり、味気のない人生となってしまいます。このため、他者との違いを認識し、個性を際立たせようとすることは大切なことです。

しかし、アイデンティティが、ほとんど自我によって確立されている人の場合、知らずしらずのうちに、必要以上に他者の存在を気にかけるようになっていきます。

また、その場合、所有物に始まり、能力開発、知識、名声、地位、交友関係…など、自分が心の底から望んでいることではなく、自己イメージが強化されることを重視するようになります。

そして、理想の自己イメージに近づけることばかりにエネルギーを注ぎ込んでいく過程で、本質自己（魂）が望んでいることが段々と見えにくくなっていきます。

自我の根底を流れる不安

本当の意味でアイデンティティが確立されていない状態で自我を失うことは、自己の存在意義を失うことを意味します。そのため、これまで築き上げてきた自己イメージが損なわれたり、傷つけられたりするようなことからは、無意識のうちに極力遠ざかろうとします。

例えば、何か大きなチャレンジをして、もし途中で挫折するようなことになれば、「いつも最後までやり抜く私」という自己イメージが損なわれることになるかもしれません。あるいは、酒宴の場で皆と一緒になって大騒ぎしてしまえば、「いつも冷静で紳士に振る舞う私」という自己イメージが傷つくかもしれません。その他、弱音を吐露してしまえば、「いつも気丈に振る舞う明るい私」、「優秀で尊敬されるべき私」、貯蓄が減れば、周囲から見て「経済的に安定している私」という自己イメージが失われてしまうかもしれません。

ここで、自己イメージを自覚できていれば、「またやってるな」と気づけるかもしれませんが、多くの自我は、無意識下にあるため、どんな自己イメージが損なわれるかという自覚もなく、ただただ「何かを失うかもしれない」という不安だけが湧き起こってきます。

このように、私たちは、自己と同一視している自己イメージの崩壊を恐れるあまり、常に多くの不安や恐怖を感じています。また、自己イメージの崩壊や縮小は、不安を生むだけでなく、多くのネガティブな感情も生み出していきます。

そして、これらの恐れや感情によって、モンキーマインドをより走りやすくしています。

ハイジャックされる感情

ここで、モンキーマインドの自動走行の促進剤ともいえる感情の話をします。

人間にはいくつもの感情がありますが、「幸福」、「恐怖」、「不快」、「怒り」、「悲しみ」の5つの感情については、言葉や文化を超え、表情から識別できることがいくつかの研究結果からわかっています。

さらに、幸福を除く4つの感情については、心拍や皮膚電気反射などの生理的活動パターンもそれぞれ異なっており、化学的にも区別することができます。

そのため、これらの5つを基本感情と捉え、その他の感情はこの基本感情から派生すると考えている科学者や心理学者も多くいるようです。

先ほど話したように、「人は何かを失う」と感じると、「恐怖」や「不安」を感じます。また、この感覚が他者や環境といった何らかの外部刺激によりもたらされた場合、さらに「不快」や「怒り」といった感情も引き起こされます。

そして、最終的に「自分のものを失った」と感じれば、その喪失感から「悲しみ」の感情が生じてきます。

ここで、実際の感情は、大脳辺縁系の一部である扁桃体がホルモンを分泌することで起こりますが、そのきっかけとなった外部刺激は2つの経路で伝わります。

1つ目は、視床を通して直接扁桃体に至る経路。2つ目は、視床からいったん大脳皮質に入り知覚処理されてから扁桃体に至る経路です。

前者の経路は、外部刺激に対する分析が粗い代わりに即座に反応し、後者の経路は詳細な分析が行われる代わりに反応は遅くなります。わかりやすく言うと、前者は本能のみで処理されますが、後者の処理には理性も加わります。

最近、「切れる人」が多いことが社会問題にもなっていますが、「扁桃体ハイジャック」とも呼ばれるこの現象は、扁桃体に対する2つ目の経路の繋がりが弱いために、理性がうまく働かないことが大きな原因の１つだとされています。

一方で、怒りや不安といった感情、あるいはこれらの感情が生起する予兆に気づくことで、理性的な脳の活動が促進され、感情を抑制しやすくなります。

自我が働いていることに気づけると、心の動揺や感情を抑えるのにとても役立つため、次節では、その方法について話していきます。

7　自我（エゴ）への対処

自我の性質を知る

先ほど、自我は「私は得別だという感覚を感じたいという性質を持っている」と話しましたが、この感覚を維持したり、拡大したりするために、自我は主に５つの活動を好んで行います。①　私は正しい／あなたは間違っている
②　支配したい／支配されるのを拒む
③　虚飾する
④　隠ぺいする
⑤　生き延びる
それでは、１つずつ具体的に確認していきましょう。

まず、①「私は正しい／あなたは間違っている」については、自分の主義主張が他人よりも正しいことを示そうとする性質です。

なお、必ずしもセットで行われるとは限りませんが、自分の正しさを強調するために、同時に、相手のことを批判的に見たり、劣位に見たりする傾向があります。

次に、②「支配したい／支配されるのを拒む」についてです。なお、〝支配〟とまでいかなくても、何らかのかたちで相手を「従わせたい」、「認めさせたい」、「命じたい」といった意向を持つ状態も含みます。また、逆に、相手が自分に示す同様の意向を拒もうとする状態も含みます。

続いて、③「虚飾する」についてです。これは、見栄を張って、本来の自分をよりよく見せようとする自我の働きです。例えば、オシャレや嗜好の範囲を超えて高価なモノを身につけたり、所持したり、あるいは経歴や経験を偽ったり、大げさに伝えたりする行為が該当します。

さらに、④「隠ぺいする」については、自分を不利な立場にしたり、小さく見せたりするような事実を隠そうとする行為です。例えば、何か失敗したときに黙っていたり、負い目を感じていることにはできるだけ話題が触れないようにしたりする行為が該当します。

最後に、⑤「生き延びる」についてです。私たちが「体を生きながらえさせたい」と思うように、精神構造を支えている一種の構造物である自我も、あらゆる手段を尽くして「生き延びたい」と感じています。そのため、前述の①～④を駆使したり、あるいは自分は特別だと感じられるようなことを必死で探して実行しようとします。

例えば、自らの不幸や不運を装って、周囲から憐れんでもらったり、面倒を見てもらったりするといった行為もこれに該当します。

以上が、自我がよく行う5つの活動です。なお、実際に声や態度に出さなくても、そう感じたり、思ったりしていているだけで、すでに自我は働いています。

日常生活を振り返ったときに、このような自我が働いている場面について、思い当たる節はないでしょうか。もし、ピンとこないという方は、身近な人との関係を振り返ってもらうとよいでしょう。特に、親子間や夫婦間は自我が生じやすいと言われています。

もし、身近な関係者との間で思い当たることがあれば、程度の差は多少あっても、同じことを職場やコミュニティーの中でもやっている可能性が大きいと言えます。

暫くの間、感情の変化が生じたときに、この5つの視点で自分の内面を観察してもらうと、様々な気づきが得られると思います。

無意識下の自我を見つける

もう1つ、感情の変化をきっかけに、自分の内面を観察するのに有効な方法を紹介します。それは、「イラッ」、「ムカッ」、「カッチン」、「グサッ」といったマイナス感情に着目する方法です。

これらの感覚は、「怒り」、「悲しみ」、「嫉妬」、「恨み」といった感情が基盤となって生じます。また、自己イメージが傷ついた、あるいは存亡の危機を感じたために生起される感情です。

これらの感覚を覚えたときに、心の中にどんな思考が浮かんできたかを1つずつ振り返って書き出していきます。そして、次にそれらの思考が生まれた背景に、どんな理想の自己イメージを抱いているのかを熟考します。

ここで、ドンピシャなものが見つかれば、まるで長年背負っていた重荷がおろされたような身軽さや、開放感、あるいは喜びが感じられるハズです。なぜなら、昔は役立ったかもしれませんが、今となってはほとんどの場合、とるに足らないような自己イメージになろうと奮闘してきた自分や、固執してきた自分に気づくからです。

一方、自覚できたらしめたものです。

例えば、「常勝者」、「最善人」、「完璧くん」、「尊敬くん」、「優秀ちゃん」といった、その価値観を代替するような分かりやすい名前をつけておくことで、同じような感覚をおぼえたときに、その自己イメージが背景にあることに気づけるようになります。そして、これらのイヤな感情が来ても、直ぐに手放せるようになっていきます。

なお、具体的な方法は、第8章「心トレ4」に記載したので、ぜひ試してみてください。

【まとめ】 本章では、皆さんに任意の願望を心に思い描いてもらい、それにフォーカスし続けようとしたときに、自動的に走り出すモンキーマインドを実際に体験してもらいました。また、その現象が起きる主要要因の1つである自我の性質と、それに対処する方法を話してきました。

次章では、心の働きをさらに深く理解するため、脳と体が心に与える影響を見ていきます。

第5章　〝脳〟と〝心〟と〝体〟の三角関係

1　意味づけする脳

「心と脳は同じもの？　それとも違う何か？」

この疑問については、哲学者の間でも古くから議論されてきました。また、最近はＡＩの進展もあって、脳の仕組みから心を理解しようとする取組みが世界中で盛んに行われています。

この議論についての結論はまだ出ていませんが、私たちの行動に大きな影響を与える〝感情〟と〝思考〟を脳がどのように生み出すかについては、かなり詳細な部分までわかってきました。

ここで、「実は〝感情〟は物質なんですよ」と聞いたら、どう思うでしょうか。また、「実は〝思考〟の95％以上が既に決められているんですよ」と言われたら、どう感じるでしょうか？

最新の脳科学や神経生物学の研究によって、私たちは、ほとんど無意識に同じ感情や思考を繰り返していることがわかっています。また、その結果、私たちの反応や行動もほとんどが自動的に起こります。

私たちは、最終的に自らの行動によって目の前の現実世界を創り出していくので、自分自信がその自動反応に気づいていないと、せっかく心に何らかの願望を抱いても、知らず知らずのうちにいつもの感情や思考に引き戻され、お決まりの現実を繰り返し生きることになります。

そこで、本章では、脳や体が私たちの感情や思考をどのように創り出すのか、そして私たちの現実にどのように影響を与えているのかを見ていくことにします。

気になる同乗者

ここで少しこんな場面を思い描いてください。

「電車に乗り込み席に座ると、午後からの商談向けて準備したプレゼン資料をカバンから取り出して確認を始めた。お客さんの質問や様子を想定しながら、頭の中でプレゼンのシミュレーションを始める。『いいぞ、いい感じ、きょうは何かうまくいきそうな気がする』。暫くして次の駅で止まると、親子と思しき女性が２～３歳の男の子を連れて乗車し、私の隣に座った。途中までおとなしくしていた子供だったが、退屈し始めたのか、席の上に立つと何やら歌い始めた。気が散って商談のことなど考えられなくなってきた。女性は、特に注意するでもなく、さっきから窓の外を眺めたままだ。さすがに1～2分もこの状況が続くと、他の乗客も気になり出して、ちらちらとこちらを見始める。しかし、女性は一向にかまう様子もない…」。

もし、皆さんがこんな状況に直面したら、どのように感じるでしょうか。また、どんな思いや考えが湧き起ってきそうでしょうか。そして、何らかの行動を起こすでしょうか。しばらくの間、想像してみてください。

……話は続きます。

「集中できない私のイライラは、とうとうピークに達し、『すみません、お子さん注意してもらえませんか』と伝えた。すると女性は、『あっ、ごめんなさい。気がつかなくて。実は、母が危篤状態で病院に向かう途中なんです。いろんなことを考えてしまって……、本当にごめんなさい』と答えるとすぐに子供を抱きかかえました」。

これを聞いた皆さんの中で起こる反応は、女性と会話する前・後で、何か変わるでしょうか。

人によって変わる意味づけ

同じ音楽や映画を見ても、着目するところや感動するポイントは人様々です。同様に、同じ状況に直面しても、人によって感じ方や湧き起こる思考は異なります。

例えば、ある状況に腹を立てる人もいれば、平然としている人もいます。また、ある状況にワクワクする人もあれば、逆に恐れを感じる人もいます。

このように人によって反応が違うのは、簡単に言えば個々の〝価値観〟が異なるからです。つまり、同じ物事に触れても、それをどう解釈し、どう意味づけし、どう判断するかは、人によって変わってきます。　もちろん、その時点で持っている知識や情報の量、能力の差、あるいは当事者との関係性、今置かれている状況といった要素も影響を与えるでしょう。しかし、それらは〝価値観〟という個々が持つ〝独自の法〟のもとで、判決に影響を与える従属要素に過ぎません。

まず、ベースに価値観という「独自プログラム」があって、インプットされる情報によって結果は多少変わることがあるかもしれませんが、大きな方向性は元の独自プログラムにより決定されていくイメージです。

その証拠に、先ほどの電車の例では、最初の反応はほぼ自動的に起きたハズです。また、事情がわかった時点で、多くの人が納得したかもしれませんが、それでも人によって反応は異なるでしょう。女性を気遣って子供にしきりと話しかける人もいるでしょうし、多少腹の虫がおさまってもイライラが続いている人もいるかもしれません。

一方、この独自の価値観は、これまでの成長過程で長年かけて育まれてきたものです。また、この価値観は、最終的に個々の思考や感情という形で表現されていきます。

2　価値観というプログラム

お決まりの滑走ルート

それでは、私たちの価値観というプログラムは、どのようにつくられるのでしょうか。

ここで、雪が一面に降り積もった山の斜面をスキーで滑り降りる場面を思い浮かべてください。

「あなたは、山の頂上に立ち、360度に広がる無数の滑走ルートの中から好きなコースを選び、異なる斜面の感覚や様々な風景を自由に楽しむことができます。しかし、スキーをやったことがないあなたは、まずインストラクターの手ほどきを受けながら、しばらくの間はその後をついて滑る必要があります。そして、2回、3回と繰り返すうちに少しずつ上達し、遂に1人で滑れるようになりました。目の前には、パウダースノーの斜面、綺麗に整備された圧雪斜面、緩斜面、急斜面、起伏に飛んだコブ斜面等々、魅力的な斜面や風景がたくさん広がっています。しかし、あなたは、脚の疲れや迷子になるのを気にして、ついつい馴染みのあるいつものコースを滑ってしまいます。こうして、選択できるコースが無数にあるにもかかわらず、気がつけば特定の滑走ルートしか見えなくなっていきます」。

実は、私たちの脳の中でも同様のことが起きています。人間の脳には、2000億個近い神経細胞があります。このうち大脳には、約160億個の神経細胞があり、これら1つひとつの細胞が、周囲の神経細胞との間に約1万個の結合部（シナプス）を持って神経回路を形成しています。大脳だけでも物理的には1600兆個という天文学的な数の接続を持っており、状況に応じてそれらをどのように組み合わせて繋げるかについては、もはや想像の域を絶します。

これら無数の神経細胞の接続パターンは、最初の体験から暫くの間は柔軟に変化させることができますが、次第にパターンが固定化されていきます。

流れ込む3つの価値観

神経細胞の接続パターンの固定に大きな影響を与えるのは、①「家族」、②「社会」、③「知識」の3つから流れ込む価値観です。

①「家族」については、両親や祖父母、兄弟など、幼少期の多くの時間を一緒に過ごす人たちか

ら受け取る価値観です。ここで実際に血縁があるかどうかは問題ではなく、私たちが見たり、体験していることの意味や解釈を、脳が最も柔軟に変化する「感受性期」に、行動や言葉によって何度も何度も反復して示してくれる人たちの価値観を指します。

②「社会」は、自分が属する学校やクラブ、会社、地域、国家、文化といった社会から受け取る価値観です。家庭以外の集団生活や活動を通して、これらの社会の根底にある慣習や伝統、通念、常識などの規範を価値観として次第に身につけていきます。

③「知識」は、前述の２つから受け取る価値観に加え、もう少し体系立てられた物事から受け取る価値観です。例えば、学校の授業やセミナー、哲学や宗教、あるいは書籍などを通じて獲得するような価値観がこれに相当します。

このように、主に３つの側面から流れ込む価値観によって、私たちの脳は次第にプログラミングされていきます。

他方、脳を先ほどの雪山にたとえると、価値観というプログラムは、滑走後にできるスキー板の跡形のようなものです。雪が積もったばかりの誰も滑っていない斜面は、この跡形がつきやすくなります。一方、同じルートを滑る度に、あるいは強い力をかけるほどに、その跡形は深くなっていきます。

同様に、脳においても、脳の接続パターンが最も柔軟に変化する生後から９歳ぐらいまでの感受性期に、何度も反復されたり、強烈なインパクトを受けたりしたことで構築された価値観は、強固なプログラムとして機能します。

この価値観というプログラムを第2章で示したスマホモデルに当てはめると、私たちがスマホにインストールしているアプリに似ています。

ただし、アプリは汎用的なプログラムですが、価値観は各自が持つ固有のものです。加えて、アプリは、私たちが意図して起動し、またそれ単独で動作するケースがほとんどですが、私たちが持つ価値観というプログラムは、ある条件下で自動的に起動し、しかも、相互に影響を与えながら動作します。具体的に、どのように動作するかについては、この後、詳しくお話しします。

なお、安心してください。これも、後ほど話しますが、この価値観というプログラムは、自由に変更することもできます。

3　驚くべき脳の社会と決裁システム

99・999％の情報が価値観というフィルターを通して捨てられる

人間の脳は、1秒間に約1100万ビット、400字詰の原稿用紙換算で約3400枚分もの情報を受け取ります。これらの情報が脳の各部に刺激を与え、適切な神経回路が接続されることで処理されていきます。

一方、これらの情報のうち、最終的に使われるのは、僅か0・001％（10万分の1）で、残りの99・９９９％は受け流されてしまいます。

実際に受け取った情報のうち、何を利用して、何を捨てるかは、私たちの価値観、すなわち脳のプログラムによって決まります。

「ブルータス、お前もか」の有名な言葉で知られるガイウス・ユリウス・カエサルが、『人間は皆自分の見たいものしか見ようとしない』と語っているように、私たちが見て、聞いて、嗅いで、触れて、味わい、感じているものは、実は本物の世界のごく一部に過ぎません。

私たちの価値観というフィルターではじかれた、多くの現実が、気づかれることなく消え去っていきます。

知らぬ間に実行される脳の自動処理

目の前の情報や現実がこれほどまでに消え去っていると言われても、まだピンとこないかもしれません。そこで、脳の仕組みを会社組織と比較しながらもう少し説明します。

皆さんの意識は、会社の社長に相当します。その会社には、１０００人の社員がいて、大小合わせて約30の部門があります。各部門には、それぞれの役割りが与えられており、特化した専門の仕事を担っています。

各部門をつくる過程で、最初の頃は、どのように仕事を行うのがよいか、社長自らが陣頭指揮をとり、実際の仕事を1つひとつ丁寧にこなしながら、最適と思われる方法を順次確立していきました。そして、部下にその仕事を任せられるようになると、新しいタイプの仕事に取り組み始めます。こうして、少しずつ対応できる仕事の種類が増え、部門が増え、会社全体として高度な事業ができるようになっていきました。今では、各部門の部下たちが、目まぐるしく変わる状況を的確に判断し、仕事のやり方を適時アップデートしながら適切に仕事をこなしています。さらに、大抵の問題は各部門間で議論した上で対処してくれます。

1人ひとりの社員は、メールや電話、WEB調査、打合せなどから、日々沢山の情報を受け取り、それを会社方針や部門方針、あるいはマニュアル等に基づき取捨選択して仕事を処理しています。また、部門内や部門間でも頻繁に調整が行われています。

一方、社長である皆さんに届けられる情報は、その中のごく一部、会社の経営を左右するような重要情報か、各部門の協議結果、あるいは会社の存続に関わるような緊急情報のみです。しかし、それでも会社はきちんと回っています。

「ゾンビシステム」を体験する

同様に、私たちの日常行動のほとんどが、気づかれないまま自動で処理されています。

米国の神経科学者、デイヴィッド・イーグルマン※は、著書「あなたの知らない脳」の中で、脳内で行われるこうした自動処理が、意識の水面下で気づかれることなく実行されていることから、「ゾンビシステム」あるいは「エイリアンシステム」と呼んで紹介しています。

ぜひ、次に「歩くとき」に、この自動処理の感覚を実際に体験してみてください。具体的には、足裏や足の各部分の感覚に細心の注意を払いながら、1歩、1歩ゆっくりと歩いてみます。

こうして歩いてみると、足裏では、地面から受ける様々な圧力を常に感じ取りながら、足首の角度や力の入れ具合を微妙に調整していることに気づきます。また、片足が地面から離れている間、もう一方の足は、バランスをとるために、ふくらはぎや膝の周り、太ももの筋肉などの力の入れ具合、あるいは上半身の位置を絶妙なバランスで調整していることもわかります。しかも、左右の足の長さや脚力の違いも考慮しながら、見事にこれをやってのけています。

私たちが、よちよち歩きを始めた頃は、何度も何度も転びながらこのバランス感覚を意識的に身につけていきました。しかし、今となっては、何かに躓きそうになったり、足に何かが刺さったりするような緊急事態が起こらない限り、この足裏から常に伝えられる圧力やそれに応じて調整される身体感覚を意識することはほとんどありません。食事、着替え、筆記、排泄などの動作に関しても同様です。

なお、このような方法で脳が知覚を処理する理由は、仕事の効率と処理スピードを上げるためです。

脳の性質は超高速かつ大飯喰らい

2013年に、約8万個のCPUを並列接続し、当時世界で4番目に早かったスーパーコンピュータ「京」を用いて、人間の脳の約1％に相当する（17億3000万個の神経細胞が10兆4000個のシナプスで結合された）神経回路のシミュレーションを行ったところ、私たちが1秒で行う判断を、京ではその2400倍の40分もかかったそうです。

もし、脳を100％フルに使った場合、処理時間は指数的に速くなりますから、いかに人間の脳が高速で動くことができるかわかります。

一方、それだけに、脳はとても多くのエネルギーを消費します。脳の重量は、1.4kg程度で全体重の2％～3％に過ぎませんが、実に体全体のエネルギーの20％も使います。なお、体験的に「普段と違うことをやると頭が疲れる」ことからもわかるように、例外的な処理をする場合は、さらに多くのエネルギーを消費します。

このため、繰返し行う行動をひとまとめにして「手続化」しておくことで、脳の処理効率を上げ、エネルギーの消費量を抑えます。また、その手続を少しずつアップデートしながら、処理の精度とスピードを次第に向上させていきます。

以降、この手続化された一連のプログラムのことを、スマホにたとえ「手続アプリ」（手続アプリケーションプログラム）と呼ぶことにします。

体ではなく実際には脳が覚える

私たちが「体で覚える」と表現する様々な動作は、この脳の手続化に他なりません。

２０１９年、男女を通じてアジア初の世界ランキング1位となった大坂 なおみ選手のサーブは、時速２００㎞と言われており、ラケットからボールが放たれた瞬間から０・３秒後には相手コートに達します。

このボールに意識的に反応しようとすると、どんなに早くても０・５秒はかかるそうです。しかし、相手選手は見事に対応し、逆に際どいコースをついたリターンを返してきます。こうした素早い反応ができるのは、この手続化がなせる技です。

他方、時速３７０㎞、空のＦ１と称される「エアレース」では、さらに早い反応が求められます。２０１７年にワールドチャンピオンになった室屋 義弘氏は、この動作に関し「刻々と変わる状況を頭が認識する前に、体が反応できるように練習やイメージトレーニングを重ねている」と語っています。

なお、こうした素早い反応動作は、何も特別な才能を持った人たちだけでなく、私たちもこの能力を身につけています。

例えば、陽気に歌を口ずさみながら車を運転中に、脇道から急に飛び出してきた子供に気づくか気づかないかのうちに、ブレーキに足をかけられるのも、私たちの脳内でこの手続化の仕組みが機能しているからです。

また、ある手続アプリによって〝通常状態〟が設定されることで、いつもと違う〝異常状態〟が起きたときに、直ぐにアラートを出して、他の手続に処理を引き継ぐことができます。また、併わせて、〝意識〟に対しても緊急報告がなされます。

ご飯に交じっていた1粒の砂を噛んだ瞬間に、違和感をおぼえ、直ぐに噛むのを止められるのも、この1例です。「噛む」という手続をしている途中で、いつもと違う状況が起きると、緊急停止の手続が働き、その後、少し遅れて私たちの意識に上がってきます。

このように、脳はとても合理的に機能し、私たちの生活を縁の下から支えてくれています。

手続アプリがもたらす弊害①「勝手な憶測」

手続アプリは素晴らしい仕組みですが、一方で、①「勝手な憶測」、②「声の大きい手続が優先される」といった2つの弊害ももたらします。

まず、①「勝手な憶測」について説明します。私たちは、五感を通して外界を正確に捉えていると感じていますが、実は多くの部分を知識や過去の経験に基づき補完したり、解釈したりしています。というのも、目や耳、鼻、皮膚を通して感じられる感覚は単なる信号に過ぎず、実際にそれが何に相当するかは脳が判断するからです。

視覚を例にもう少し具体的に説明します。まず、私たちは、目でモノを見ているのではなく、網膜で捉えた光（信号）が視神経を通じて脳の視覚野に伝わり、それが脳神経を刺激したパターンから外界にあるものを認識しています。このとき、これまで獲得してきた知識や経験の中に、現在の刺激パターンと同じものがなければ、何もないと判断するか、似たパターンに無理やり当てはめます。

そのため、まだ飛行機の概念を持っていない子供の目の前を、ジェット機が飛んでいても、音しか聞こえないか、大きな鳥か箱が音を立てて飛んでいるようにしか見えません。

ちなみに、目に関して言えば、視細胞が存在しない「盲斑」、あるいは「マリオット暗点」と呼ばれる死角部分が5％～10％もあります。もし、見ている写真にこれだけまっ白な部分があれば、相当違和感をおぼえるハズですが、私たちの脳が勝手に推測して情報を補完しくれるお陰で、普段私たちは盲斑が存在することなど全く意に介さず生活をしています。

他の感覚器官についても、脳のどの部分に信号が伝えられるかは異なりますが、その刺激パターンを補完したり、解釈したりする仕組みは基本的には目と同じです。

なお、知識や体験を通して、脳の中に様々な概念を構築することが重要なのはこのためです。概念がないものは、仮に目の前にあっても、それらを認識することすらできません。

手続アプリがもたらす弊害②「大声の人が有利」

次に、②「声の大きい手続が優先される」について説明します。それぞれの手続アプリは、多くの部分で協調して機能しますが、しぶしぶ協調している場面も多々あります。先ほどの社内組織の例を思い浮かべてもらうとイメージしやすいでしょう。

A部門の専門性が発揮される場面で、明らかにaという意見が妥当だと思われるときは、他の部門も快くこれに賛同してくれます。しかし、各部門の視点から見て納得感を欠くケースも度々起こります。このときは、B部門はb意見にしたほうがよい、C部門はc意見にしたほうがよいと主張することになります。

このような場面で、意識的になっていれば脳内で葛藤（議論）が生じていることがわかりますが、無意識であればそのことに気づきません。この場合、ほとんどが声が大きくて主張が強い部門が勝利をおさめることになります。なお、1つの部門だけで勝利することが難しい場合は、連立政権のように複数の部門が共闘して他の部門の意見を抑え込みます。

これを別の言い方でいうと、〝習慣〟や〝クセ〟、あるいは〝態度〟と呼びますが、私たちはほとんどの場合、知らず知らずのうちにこれをやっています。そして、人生の方向性を大きく決定づけています。

ここで、逆説的な意味も込めて、マハトマ・ガンジーの言葉を紹介しておきます。

『信念が変われば、思考も変わる。思考が変われば、言葉も変わる。言葉が変われば、行動も変わる。行動が変われば習慣も変わる。習慣が変われば、人格も変わる。人格が変われば、運命も変わる』。

だからこそ、私たちは、脳の自動プログラム（手続アプリ）に十分な注意を払う必要があります。

4　私たちの行動はどのように決まるのか

感情と思考はどのように生まれるか

私たちの行動は、ある知覚によって生じた感情や思考に大きく左右されています。ここで図表10

【図表10 感情と思考の仕組み】

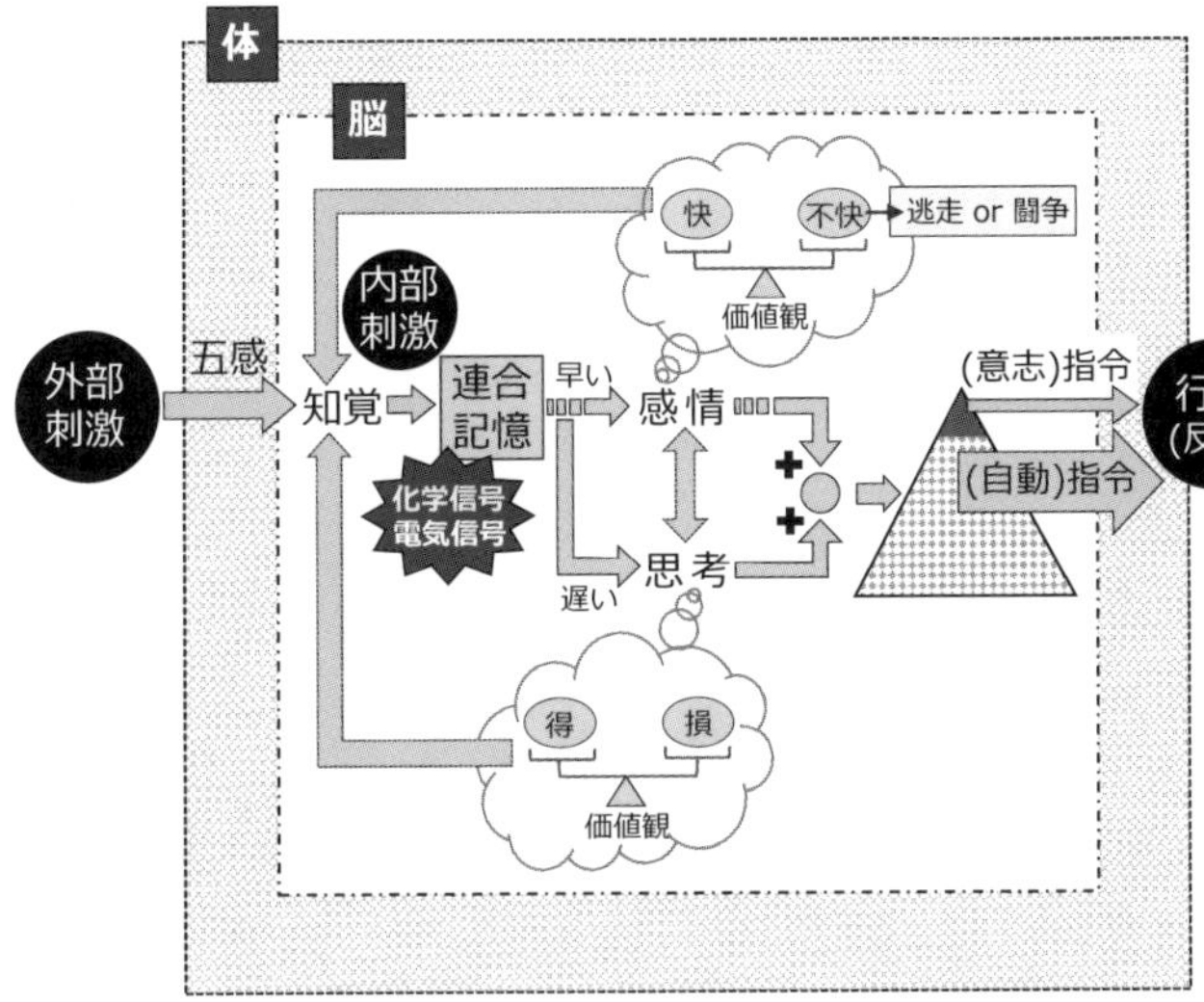

を用いてその仕組みをもう少し詳しく見ていきましょう。

まず、五感で捉えた外部刺激、あるいは想念によって脳内に生じた内部刺激を知覚すると、脳内に化学信号、あるいは電気信号が生じます。ここで化学信号とは、神経伝達物質も含むホルモンの分泌のことで、電気信号とは神経細胞間の接続（シナプス結合）を指します。

大まかには、ここで分泌されるホルモンが感情を引き起こし、シナプス結合が思考を引き起こすとイメージしても差支えありません。

ただし、実際には、感情と思考は車の両輪のような関係で、とても密接に結びついており、あるホルモンの分泌が特定のシナプス結合を促したり、逆にあるシナプス結合により生じる電位差（イオン化）によって、分泌されるホルモンの量やその持続時間が変化します。

例えば、こんなイメージです。「大事な商談の当日、別の顧客で失敗したことを思い出し（思考）、急に大きな不安（感情）を感じます。極度の緊張が押し寄せて、逃げ出したい気持ち（感情）で一杯になります。こんなときに不安を感じている場合ではない（思考）、何とかこの不安を解消しなきゃと思い（思考）、プレゼンの資料を何度も何度も再考しながら準備し、昨日は上司に太鼓判を押してもらったことを思い起こします（思考）。すると次第に不安は消え、自信がみなぎってきました（感情）」。

記憶の関連づけ

他方、どの刺激に対して、どのタイプのホルモンを、どの程度分泌するか、どのシナプスを結合するかは、「連合記憶」に基づき行われます。なお、この連合記憶とは「個別の記憶と、それら一連の記憶の関連づけ・重みづけ」を行い、細胞内や脳の海馬などに保存した過去の情報のことです。

そして、この連合記憶と知覚を照合し、連合記憶内にある体験済の記憶と知覚が一致するか、あるいは近いものがあれば、そのときと同様の感情や思考が生起され、未体験の知覚であれば、新たな感情や思考が生起されます。

また、このとき、体験済の知覚は、記憶の関連づけが強化されるかたちで、また、未体験の知覚は、新たな記憶の蓄積と既にある記憶との関連づけが行われるようにして、脳内の連合記憶が日々アップデートされていきます。

連合記憶も、脳のプログラムの一種です。この一連の連合記憶を用いて、思考はこれから起こりそうなことを予測するため、それによって次の感情が引き起こされ、さらにその感情がまた次の思考を生み出していきます。年を重ねるにつれて、同じ思考や感情に陥りやすくなるのはこのためです。

最終的な行動を決める価値観

それでは、価値観はどのように機能するのでしょうか。

「価値観」という言葉を辞書で引くと、「何に価値を認めるかという考え方。善悪・好悪などの価値を判断するとき、その判断の根幹をなす物事の見方」とあります。つまり、知覚により生じている感情や思考をどのように解釈し判断するかという基準です。この判断に応じて、私たちが最終的にどう行動するかが決まります。

基本的な判断の仕組みは、次のようになります。前掲の図表10も参照しながら聞いてください。

まず、感情については、「快感原則」に基づき〝快〟か〝不快〟を判断します。今の感情が〝快〟に当てはまれば、その感情をできるだけ維持する方向に行動を促し、逆に〝不快〟であれば、その感情を遠ざけるような行動を促します。

この感情の判断に対し、〝得〟か〝損〟かという思考の判断がつけ加えられます。なお、同じ状況でも、どのような視点に立つかによって〝得〟か〝損〟かは変わってきます。

例えば、「短期的／長期的」、「個人的／社会的」、「経済的／精神的」等々、どちらの視点を重視するかによって、得が損になったり、逆に損が得になったりします。

もちろん、実際には、状況に応じて複数の視点を複合的に組み合わせて判断することになります。どのような視点を用い、各視点にどの程度の重みをつけるかは、まさに各自が持つ価値観により決まり、総合的に見て得か損かを判断します。

行動を大きく左右する感情

他方、感情は、本能や生存と強く結びついているので、伝達のスピードが早く、強力に作用します。とりわけ、身体の生存を脅かすような危険（不快）を感じる場面では、脳への血流を一時的に下げることで思考を低下させ、逆に四肢の筋肉への血流を増やし、全力で〝逃走〟、あるいは〝闘争〟するといった本能的な行動を促します。

先ほども話したように、多くの人が頻繁に不安を感じるのも、この生存と関係があります。自分が所有している「生命」、「財産」、「地位」、「健康」、「外見」、「快適さ」といったモノを失うような危険が潜んでいないか一層の注意を払うことで、今の自分を維持しようと努めます。

ちなみに、数十年にも及ぶ追跡調査によって、「人が日常的に感じている不安のうち、87％は実際に起こらず、6％は起きたときに自分で回避や対処が可能で、7％は自分ではどうしようもできないような出来事だった」という結果があります。これぐらい、人は生存を維持するために多くの不安を感じ、そして行動を決定しています。

5　心の介入

頭の中の声に気づく

ここまで、脳の特性や性質を踏まえて、私たちの日常がいかに自動モードで運行されているか、そして同じような思考や感情を繰り返しやすいかを見てきました。

抱いた願望が、この自動モードの範囲内にあれば、比較的容易に実現することができるでしょう。しかし、この範囲外にある場合は、よほど注意深くならないと知らず知らずのうちにいつものパターンに引き戻されてしまいます。

それでは、どのように対処すればよいのでしょうか。

まずは、頭の中のプログラムに気づくことです。前章で皆さんに願望を思い浮かべてもらい、そのイメージを保持してもらいましたが、そのときに、何らかの感情や別の思考、あるいは身体からの欲求が心の中に生じてきたことを思い出してください。

それらの心の中に生じる諸々の感情や声が、まさに皆さんの思考のクセや価値観を定めている脳のプログラムです。

もう1度前掲の図表8を見てください。内側の四角の中が、既に持っている価値観や体験済の記憶です。そして、それらが外郭を定め心の境界線をつくっています。思い描いた願望が、この境界線に近づくほど、さらには境界線を出てそこから離れるほど、次第にその声は大きくなっていきます。

しかし、それに気づけるということは、そのプログラムに介入して、必要に応じて修正できるということも意味します。その具体的な方法については、後ほど説明します。

いつの間にかいなくなるもう1人の正体とは

話を少し戻します。前章のワークの最中に頭の中の声に気づいた皆さんは、再び願望を保持することに戻ろうと奮闘したり、保持できない自分を攻めたりしなかったでしょうか。

ここで、この頭の中の声に気づいたり、あるいは奮闘する最中で、その状況を冷静に見ている存在は一体誰なのでしょうか。

この存在こそが〝本心〟、すなわち超意識的な〝心〟です。本書ではこれを「超越自己」と呼ぶことにします。

なお、基本的には、前掲の図表9で示したマズローの欲求段階の最上部にある「超越自己」も、これと同じものを指していると考えられます。

この超越自己は、プログラムではありません。決して価値判断も下しません。ただ、今の状況を冷静に観察しているだけです。そして、いつの間にかスッといなくなります。おそらく、これまでに何度もそうした体験があるのではないでしょうか。特に、内なる葛藤が生じるよう場面では、頻繁に超越自己を感じ取れるハズです。

例えば、試験勉強中に少しだけＴＶを見たい衝動にかられます。集中力が途切れ、「息抜きのために少しだけＴＶを見よう」と脳のある手続アプリが主張を始めます。一方で、「いい点を取りたいのでもう少し頑張ろう」という別の手続アプリが働き、議論を始めます。皆さんの頭の中では、「ＴＶを見たい⇕いや もう少し頑張ろう」という葛藤が暫く続きます。また、その葛藤を超越自己は冷静に観察しています。そして、どちらかに軍配が上がると、超越自己は消えてしまいます。一体、どこに行ってしまったのでしょうか。

実は、この超越自己が、「ＴＶを見たい」という願望と1つになるか、あるいは「頑張りたい」という願望と完全に1つになったときに、消えたように感じるのです。

その証拠に、葛藤が続いている間は、皆さんはそれを認識しているハズです。そのため、いったんＴＶを見始めたとしても、試験勉強が気がかりで後ろめたさを感じていれば、その間はそれに気づいている超越自己がいます。

しかし、いったんＴＶに夢中になり、試験勉強のことを忘れた途端、もはや超越自己はいなくなり、次に現れるのは、少し経ってから再び葛藤が始まったときか、もしくは30分後にＴＶ番組が終わって後悔の念にかられ始めたときです。

〝一心〟という魔法

〝一心〟という言葉を聞いたことがあるでしょうか。1つの物事に集中した心という意味で〝専心〟

とも言いますが、これは心がある対象や願望と1つになっている状態を指します。

一方、心が1つになる対象は、「意志を伴った願望」だったり、「お決まりの脳のプログラム」だったり、あるいは「身体の苦痛」だったりと様々です。

ここで、第3章で紹介した、物質の根幹を成す素粒子の振舞いが、観察者によって変わることを思い出してください。あのときの観察者が、ここでいう超越自己です。また、スリットの形が、脳の受容範囲、あるいは心が一体となっている対象の外郭に相当すると考えれば、次第にそれが目の前の現実として現れてきても科学的には何ら不思議ではありません。

なお、心が一体となっていたものは、そこに向けられていたエネルギーの総量に応じて決まります。人間は、平均すると1日に6万回物事を考えるそうですが、95%以上が過去の繰返しだと言います。そのため、例えば、「売上を2倍にしたい」という願望を抱いても、残りのほとんどが〝疑い〟や〝怠惰さ〟、あるいは〝不安〟等と心が一体になっているのであれば、皆さんが実現するのは、当然、疑いや怠惰さ、もしくは不安のほうになります。

自動プログラムの停止

そうであれば、現実化したくない対象と心が一体となっているときは、すぐにそのプログラムが作動していることに気づき、停止する必要があります。

これには少しコツが必要ですが、決して難しくはありません。箸や鉛筆の持ち方のクセを直すときと同じように、クセを指摘してくれる人を持つか、あるいは「エジソンのお箸」や「もちかたくん」といった手を強制的に正しい位置におけるような「矯正の仕掛け」をつくっておけばよいのです。

基本的に、脳のプログラム、つまり思考のクセの修正についても考え方は同じですが、私たちは、この指摘と矯正を次のような方法を使って自ら行います。

ここまでの章で、何度か望みを思い描いてもらいましたが、そのときに私たちはいろいろな思考や感情、身体感覚が押し寄せてきたことに気づきました。そのプログラムに気づいたときに、予め決めておいた動作を行ってから〝自己復帰〟と声に出すか、難しいようであれば心の中でつぶやいた上で、再び実現したい願望にフォーカスを戻していきます。さらに詳しい方法については、第８章の「心トレ３」を参照してください。

6　体も見事に心に従う

プラシーボ効果

体は、最も身近に感じられる物質の1つですが、体もまた見事に心の状態に従います。

最もわかりやすい例は、食事や性的な空想によって体が反応する点です。基本的に、心（脳）にとっては、「頭の中の現実」も「外側の現実」も区別がなく、「全く同じ現実」なのです。

以降、さらに心の状態が物質に与える影響を深く理解するためにも、心と体が見事に連動する例とその仕組みをいくつか紹介します。

「病は気から」という言葉を聞いたことがあると思いますが、これは迷信でも脅しでもなく、医学界では今や常識となっています。そのため、新薬の効果を確認する際は、「ＲＣＴ」と呼ばれる「ランダム化比較試験」を実施し、結果を厚労省やＦＤＡといった認証機関に提示する必要があります。

このランダム化比較試験というのは、治験者を無作為にＡとＢの２つのグループに分けて、Ａグループには新薬を、Ｂグループには薬効効果が全くない素材でつくられた疑似薬を投与します。

常識的に考えれば、Ｂグループの治験者の薬は効かないハズですが、平均的には7割～8割の治験者に良好な効果が現れます。これを「プラシーボ（偽薬）効果」と呼びます。一方、薬効効果が期待できるＡグループの治験者の平均2割～3割には全く薬が効きません。

なぜ、このようなことが起きるのでしょうか。それは、薬の化学的な成分よりも、実際には私たちの心が「この薬は効くと思う」、あるいは「この薬は効かないと思う」効果のほうが、遥かに強力だからです。

なお、このプラシーボ効果は、薬だけでなく、膝関節炎などの外科治療でも効果が報告されています。麻酔をかけて切開するだけで、全く手術をしないにもかかわらず、手術跡を見て、医師から「手術が成功に終わったと」聞くだけで、良好な効果が生じるのです。

心は細胞の振舞いもコントロールする

私たちの体は、約40兆個の細胞から構成されていると言われており、その1つひとつがＤＮＡの中に遺伝子（タンパク質のアミノ酸配列を指定する情報）を持っています。

この遺伝子が親から受け継がれることにより、私たちは自分の家族と身体的な特徴が似るわけですが、そればかりか性格や特定の病気にかかりやすいといった特性まで継承する場合も少なくありません。

ＤＮＡが細胞の構造に影響を与える仕組みを簡単に説明します。まず、ＤＮＡ情報は、直接細胞の構造に影響を与えることはできません。しかし、ＤＮＡの分身のような存在であるリボ核酸「ＲＮＡ」がＤＮＡ情報をコピーし、そのコピー情報をもとに細胞の成長や修復に必要な栄養素を「レセプター」と呼ばれる細胞膜のゲートを通して細胞の外から取り込み、タンパク質を合成していきます。

つまり、「ＤＮＡ↓ＲＮＡ↓レセプターからの栄養摂取↓タンパク質合成（細胞構造）」という順に反映されていきます。

病気や形質をＯＮするスイッチ

一方、ＤＮＡは、「遺伝子」と「染色体タンパク質」と呼ばれる遺伝子を制御するタンパク質の半々で構成されています。

この制御タンパク質は、遺伝子の特定情報をカバーしたり、露出させたりすることで、遺伝子のどの情報を有効にし、無効にするかを制御します。

これを専門用語で「発現」と呼びますが、言わば特定の遺伝子情報をＯＮ／ＯＦＦするスイッチのような役割を担います。

例えば、癌について考えてみましょう。癌の遺伝子は、多くの人が生まれつき持っています。しかし、実際に病気にかかる人とそうでない人がいます。

罹患する前は、制御タンパク質が癌の遺伝情報をカバーしているため、RNAには癌の遺伝情報がコピーされず、結果的に細胞を構成するタンパク質の構造も健康なままです。

一方、1度制御タンパク質のカバーが外れると、癌の遺伝情報が、RNAを通して細胞の構造に転化され、病気にかかることになります。他の病気や他の特質も同様にON／OFFされます。

それでは、何がこの制御タンパク質の動作を最終的に決めているのでしょうか。それは、私たちの心が一体となっている対象、つまり思考や感情です。

そのため、先ほどのプラシーボ効果のような現象が起ります。薬の化学成分は、確かに細胞に対して物理的な効果をもたらしてくれます。しかし、それは一時的なものに過ぎません。残りの大半を「この薬は効く／あるいは効かない」と考えているのであれば、最終的にそのとおりになるのは、科学的な観点から見ればむしろ当然の結果と言えます。

心が〝それになる〟ことによる凄い力

本章を締めくくるに当たり、ここまで説明してきた心の力が、現実にさらに強い影響を及ぼすことを実例を挙げて紹介します。

アルコールが入ると性格が変わる人がいます。多くの人は、少しハイな気分になり陽気になりますが、中には泣きじゃくたり、暴言を吐いたりする人もいます。「素の自分になった」なんて言われ方もしますが、一体どちらが本当の自分でしょうか。そして、このときに心はどこにあるのでしょうか。

他方、多くの俳優は、しらふで他の人に成りきることができます。ある役を演じている最中は、実際にその人格になりきっていると言います。中には、撮影や芝居が終わってからも暫くの間は、時々その人格に戻ってしまう俳優さえいるそうです。

さらに、別人になる最たる例として、「多重人格障害」という病気があります。なお、この障害で苦しんでいる方々からすれば、本当に大変なことだと思いますが、心の力を理解するために敢えて紹介させてもらいます。

多重人格者の中には、１人で10人以上の人格を持つ人もいて、仕草や話し方、性格、好みに加えて、性別や年齢の自己認識まで変わってしまいます。他方、この多重人格者たちの脳の中では、それぞれの人格に相当する独立したプログラムがあり、心が一体となるプログラムが何かの拍子に切り替わっていきます。

人格が一瞬で変わるだけでも驚きですが、ＩＱや声紋の他、病気やアレルギー体質といった生体反応まで同時に変化する例がいくつも報告されています。

例えば、国際多重人格研究協会のベネット・ブローン博士は、人格が変わると同時にオレンジジュースに対するアレルギー反応がなくなる例を発見しています。また、心理学者のロバート・Ａ・

フィリップス・ジュニアは、人格と共に腫瘍が現れたり消えたりする実例を報告しています。

その他、糖尿病の症状が一瞬で消えたり、ハチに刺された腫れと痛みが消えたり、ドイツでは事故で失明した女性の視覚が回復するといった例まで報告されています。

ちなみに、もう1つ付け加えておくと、多重人格者は、他の人々に比べて老いるスピードが遅いということもわかっています。このように、私たちの心が何と一体になるかによって、実際に身体的にも劇的な変化が起こります。

なお、知らず知らずのうちに脳の自動プログラムを生きているという意味では、誰もが多重人格者と似たような側面を持っていると言えるかもしれません。

【まとめ】 本章では、私たちの思考や感情といった心の反応が、お決まりのプログラムのように構築されていく仕組みと、同じような状況に直面したときにそのプログラムがどのように自動的に実行されるかを見てきました。また、私たちの心が現実や体に与える影響を、実例も交えながら見てきました。

もしかすると、ここまで自動的に動くプログラムによって、私たちの現実が形づくられていたことを知って、「もう、お手上げだ」と悲観している方もいるかもしれません。しかし、先ほども話したように、このプログラムは意識的に観察し、意志を持って対処すれば変えることができます。そして、それにより現実も大きく変化していくことになります。

また、魂もそれを強く求めています。その理由を理解するためにも、次章では、もう少し大きな枠組みで心について見ていきます。

第6章　〝心〟はどこから来て、どこへ去っていくのか

1　誰もが感じる疑問

心にフッと浮かぶ素朴な疑問

「自分は何のために生まれて来たのか」、「自分の使命とは何か」、「自分の運命とは何か」、「自分は死んだらどうなるのか」等、少なくとも1度はこのような疑問を抱いたことがあるのではないでしょうか。

この答えについて、すべて科学的な根拠をもって説明するのは難しく、また証明も困難です。しかし、誰もが認識している事実や数々の証言と、いくつかの研究結果を組み合わせることで、妥当性の高い仮説を導くことができます。

一方、本書の冒頭でも紹介したように、特に死に対する意識や捉え方は、生きる上で重要な意味を持ちます。仮に、これから話す内容が真実との間に多少の相違があったとしても、豊かな人生を送る上でに役立つのであれば、皆さんが納得できる部分だけでも取り入れない手はありません。

そこで本章では、誰もが1度は抱くであろう疑問に答えるかたちで、心についての理解をさらに深めていくことにします。

生まれながらに異なる気質

2003年2月5日、この日の感動を私は一生忘れることはないでしょう。お昼頃に電話を受け、私はすぐさま病院に駆けつけました。それから2時間後、待望の第1子、第2子が続けて誕生しました。双子の男の子です。

まさに感無量、言葉にならない感動と感謝が押し寄せてきました。しかし、暫く経ってから冷静に見ると、兄のほうはＴＶや映画のシーンでよく見られるように大泣きをしているのですが、弟のほうは全く泣いていないことに気づきました。当然、まだ目は見えていなかったでしょうが、ずうっと周囲をキョロキョロと見まわしているのです。

心配になって、看護婦さんに「こっちの子は、泣いてないけど大丈夫でしょうか」と思わず確認しました。「元気ですから心配ありませんよ」と聞いてホッとしましたが、次の瞬間思ったのは、双子なのに、すでに明らかに異なる〝気質〟を持っているということでした。その後も、親としては同じように育てたつもりですが、２人の子供はさらに性格や個性の違いを際立たせながら成長していきました。

おそらく、子供を持つ方であれば、双子でなくとも、生まれたときに、あれ「お兄ちゃんのときと何か違う」、「お姉ちゃんのときと何か違う」と感じたことがあるのではないでしょうか。

よく「氏か、育ちか」といった議論がありますが、それ以前に、同じ親（氏）から生まれてきたのにもかかわらず、その直後から、すでに何らかの違いを持っているというのは、とても不思議なことです。

この疑問の答えについても、本章の後半で話していきます。

2　死についての数々の証言

〝死〟とは何か

生を考える上で、〝生でないもの〟、すなわち〝死〟について理解を深めたほうが、〝生〟が何かを理解がしやすいと思いますので、順番が逆になりますが、まずは〝死〟について考えてみます。

そもそも〝死〟とは何でしょうか。少なくともわかっていることは、「誰もがいつかは必ず迎えるもの」であり、「やりたかったことができなくなること」であり、「親しい人たちとの別れ」を意味します。

一方、死後はどうなるかということについては、生きている間は誰にもわかりません。そのため、人は自ずと死に対して多くの不安や恐れを抱きます。また、その不安や恐れを払拭しようと、死について思いをめぐらせ、死後の世界について何とか知りたいと願ってきました。そして、そうした思いに応えようと、多くの哲学者や宗教家たちが、死後の世界や魂について語ってきました。

他方、哲学者のカントは、『心の働きの根底にある魂は、原理的に認識できないので、〝ある〟とも、〝ない〟とも言えず、いくら議論しても答えは出ない』と主張しています。

全くカントの言うとおりで、魂のことや死後のことを議論するのはナンセンスなのかもしれません。

しかし、日本の「お盆」や、中華圏の「ハングリーゴースト」、メキシコの「死者の祭り」など、世界中のいたるところで、死者の魂と定期的に交流する機会が昔からあります。また、この機会を通じ、死者に対して感謝の意を表したり、自分の言動を戒めたりしています。

こうした事実を見れば、「不死なる魂が存在する」と考えるほうが、充実した人生を送るのに多少なりとも役立つと言えそうです。

今も心の中に生きている

大切な人との別れはつらく、悲しいものですが、目を瞑れば、「その人との楽しかった思い出」、「優しくしてもらったこと」、「言われた大切な言葉」等々、何年経ってもハッキリと思い出せることがあります。

他方、「あの人が見てくれているから頑張れる」、「恥ずかしい真似はできない」といった影響を、故人から度々受けている方も多いのではないでしょうか。

そういった観点では、肉体はなくなっても、故人たちの精神は、私たちの心の中で確実に息づいていると言えます。

一方、もっとありありと死者の存在を感じている人たちもいます。２０１３年にＮＨＫで放映された「シリーズ東日本大震災 亡き人との〝再会〟～被災地 ３度目の夏に～」の中では、そうした人たちの数々の体験談が語られています。

例えば、3歳の康ちゃんを津波で失った母親は、しばらく経った後から、子供の気配を度々感じるようになったと言います。そして、あるとき「康ちゃんもこっちに来て一緒に食べな」と言ったところ、康ちゃんが大好きだったアンパンマンの車のおもちゃのスイッチが勝手に入り、音が鳴り出して動き出したと言います。

また、ある男性は、『震災で亡くした幼い息子2人が、突然目の前に現れました。弟のほうは何もわからずに「キャッキャ」と笑っているだけなんですけど、お兄ちゃんのほうは、「もう大丈夫だからね」と声をかけてくれました』と、そのときの様子を語っています。

このような「死者と遭遇した」という被災者の話を数多く聴いてきた通大寺の金田 諦應住職は、『突然亡くなった人たちに対する強い思いが、死者の魂を引き寄せるではないか』と語っています。

医師たちの体験談

生死と最も多く向き合っている人と言えば、医師たちが挙げられるでしょう。

東京大学の救命救急分野の教授と同医学部付属病院の救急部・集中治療部の部長を務める矢作直樹氏※も、毎日のように生死を彷徨っている患者と接している医師の1人です。

矢作氏は、著書「人は死なない」の中で、数々の患者の生死に立ち合ってきた経験や、自身の冬山での遭難体験を通して、『人が死んで、肉体がなくなっても、霊魂（スピリット）は確実に生き続けている』と断言しています。

他方、アメリカの医師、エベン・アレグザンダー※も、矢作氏と同様の考えを持つ1人です。アレグザンダーが2012年に発表した『プルーフ・オブ・ヘヴン』と名づけられた書籍は、複数のTV番組や雑誌で次々と取り上げられ、たちまち話題となりました。また、97週間に渡りニューヨーク・タイムズのベストセラー・リストに留まるほど、多くの人の関心を呼びました。

その内容は、「死後の世界は必ず存在する」という、これまで何度も語られてきたものでしたが、ハーバードメディカルスクールで200本以上の論文を書き、アメリカのベストドクターにも選ばれるような脳神経外科医界の権威が書いたということで、多くの注目を集めることになりました。

実は、そんなアレグザンダーも、生死を彷徨った末生還した自身の患者たちから、「臨死中に体験した死後の世界のこと」を何度聞かされても、頑なに否定してきた人物の1人でした。しかし、自らが髄膜炎により昏睡状態となったときに遭遇した体外離脱体験と臨死体験を通じ、その考え方を180度変えざるを得なくなりました。

荘厳な世界と見知らぬ女性

アレグザンダーは、昏睡状態の中での体験を次のように語っています。

『最初に私は、垂れこめた泥沼のような世界に行き、それから美しい風景が広がる世界を空中から眺めながら、最後に荘厳な音色が奏でられた光の世界に行きました。また、その旅の途中で見知らぬ1人の女性が私を案内してくれました。そして、いくつかの体験をした後、彼女に元の世界に帰るように促されたこともあって、熟考の末この世界に帰還することにしました』。

一方、アレグザンダーは、生還後も、「その見知らぬ女性が誰だったのか」ずっと気になっていたそうです。

実は、アレグザンダーは、生まれた直後に養子に出されたため、血の繋がった兄妹がいることをずっと知らずに育ちました。しかし、手術後に生みの母親が送ってくれた手紙に同封されていた写真から、臨死体験のときに出会った女性が数年前に亡くなった実妹であったことを知ることになります。

ちなみに、彼自身が脳神経外科の専門家の立場から、昏睡状態中の脳波や脳画像を後に徹底的に分析しましたが、脳が全く機能しておらず、夢を見れるような状態ではなかったそうです。

以上、このように、学術や科学的証拠を一層重視する医師のような人たちでさえ、実体験や事実の前では、仮に科学的な説明ができないとしても、「肉体とは別の存在が生き続ける」ことや、「この世界とは異なる別の世界がある」ことを認めざるを得なくなるようです。

3　不滅の「魂」は存在するのか

私の不思議な体験談①：上空から眺めるもう1人の自分

私は、前項で触れた医師たちのような臨死体験はありませんが、明らかに肉体とは異なる存在が自分の中にいることを、鮮明に感じた経験がこれまでに2度あります。

1度目は、友人の葬儀での出来事でした。交通事故で突然亡くなった友人の葬儀に参列したときに、3名の僧侶の読経と太鼓の音を聞いているうちに、どんどん気が遠くなり、次の瞬間、気がつくと、「上空7m〜10mぐらいのところから倒れている自分を見ている自分」がいました。

とても不思議な感覚で、重さはまったく感じず、何の感情もなく、ただ倒れている自分を上空から冷静に眺めているのです。明らかに自分だということはわかるのですが、「どうしよう」とか、「早く戻らなきゃ」といった感情や思考が全くありません。

「あーこれって〝幽体離脱〟というやつかも、このままどこかに行けるのかなぁ」と思った次の瞬間から記憶がなくなり、目を開けると、介抱してくれていた何人かが私の顔を覗き込み、ホットとしている様子が目に映りました。自分の感覚では1分ぐらいの出来事でしたが、実際には30分ほど経っていました。

私の不思議な体験談②：走馬灯のように駆け巡る映像

2度目の体験は、山の帰り道で滑落したときの出来事です。山育ちの私は、蛇行しながら長々と続いていく山道に沿って下るのが段々バカバカしくなり、真っ直ぐに駆け降りることにしました。

トントンと調子よく下っている途中、それまであった足裏が地面を捉える感覚が急になくなり、体が空中に投げ出されたかと思うと、次の瞬間に体が地面に叩きつけられ、転がり始めました。体はどんどん加速していきます。もはやなす術もなく、「これで終わりだ」と覚悟しました。

そのまま身を任せて転がっていると、突然、スライド写真が高速で切り替わるように、小さい頃の映像が次々と目の前に現れてきました。もの凄く鮮明なカラー映像です。

強い衝撃と痛みを感じている自分を感じつつ、「ああ、そう言えばそんなことあったなぁ」と、まるでTVや映画のスクリーンでも見るかのように、その映像を冷静に見ているもう1人の自分がいます。また、明らかに2人の自分を知覚していますが、そこに全く感情はありません。

その後、落石防止用のフェンスに運よく引っ掛かり一命を取り留めました。気絶状態から目が覚めると、体中に痛みが走り、到るところから出血、服はボロボロの状態でしたが、「助かった、生きている」と実感すると、次から次へと涙が溢れてきました。

これら2つの体験で共通していたことは、自分の体とその身体感覚をはっきりと自覚している自分と、それをまるで他人事のように自覚しているもう1人の自分がいる点です。

このもう1人の自分が、「魂」かどうかは正直わかりません。しかし、明らかに自分の一部であることは断言できるのです。ただ、普段の自分と違うのは、そこには何の感情も価値判断も全くないという点です。

他方、第1章で話した父を看取ったときに感じたのは、その瞬間、「今まで体に宿っていた何かが明らかになくなり、〝生気〟が全く感じられなくなった」ということです。

人が死ぬと、本当に何かがなくなってしまうのでしょうか。

魂の重さ

20世紀初頭に、米国の医師だったダンカン・マクドゥーガルは、哲学者や宗教家が語ってきた魂の存在を何とか科学的に確かめようと試みました。

彼は、その実験動機について、友人に宛てた手紙の中で次のように語っています。

『肉体の死後も個人の同一性が存在し続けるとすれば、それは空間を占める物体として存在するはずです。そうでなければ、この世界における意識的な自我と空間の関係、遺伝と経験によってわれわれの脳に固定された空間の概念はいったん完全に廃棄され、その後に新たな空間と意識の関係が生まれることになります。そのような自然の一貫性のひび割れは、私には想像することができません』。

そして、マクドゥーガルは、自身の患者5人の死に際の体重変化を大きな天秤を用いて測定しました。その結果、実験ごと（患者ごと）に差は生じたものの、「人が死ぬと、8分の3オンス～4分の3オンス（約10・6g～21・3g）軽くなる」という結果を得ました。当時、その内容はニューヨーク・タイムズや医学雑誌にも掲載され話題を呼びました。

残念ながら、標本数の少なさや測定のずさんさから学術的な評価は得られませんでした。また、彼自身も、証明にはさらに多くの実験が必要だという立場を取っており、「これが魂の実態だろうか。他に説明できるだろうか」ということを、その後も長年にわたり考え続けていたようです。

結局、倫理的な問題もあり、その後同様の実験を試みた人はいないようです。

4　生まれかわりはあるのか

個性を決める第3の要素とは

人間には、およそ38億個の細胞があります。また、各細胞の中には46本の「染色体」があり、さらに染色体の中には体をつくるための設計図に相当する「DNA」があります。DNAの中には、塩基と呼ばれる4種類の文字（A、T、G、C）を使って表現された設計情報が格納されており、その文字列の数は、約30億個（父親と母親から30億個ずつ継承し、実際に使われるのはいずれか一方）にもなります。

他方、染色体の配置とこの文字列（塩基配列）の違いにより、1人ひとりの個性が生まれることになりますが、実際にその違いを生む部分は、2万～2万5000個と言われており、全体の1％程度に過ぎません。この差異が、いわゆる「遺伝子」と呼ばれる部分で、両親から継承し、私たちの形質を決めています。俗にいう〝氏〟に相当する部分です。

一方、前章でも話したように、実際の遺伝子の振舞いは、心持ちによる制御タンパク質のON／OFFによって変わります。別の言い方をすれば、私たちの心が環境をどのように認識するかによって決まります。そのため、私たちの人格は、〝氏〟だけではなく〝環境〟（心の受け止め方）の影響を多分に受けることになります。

さらに、この2つの要素に加え、私たちの人格形成に影響を与える3番目の要素があるという考え方があります。それは、「過去生における経験」です。

この過去世の経験を現世へと持ち越すという考え方は、古くから哲学や宗教の中でも数多く語られてきました。

例えば、哲学の中に見られる代表的な主張は、「多くの人が自然と抱く、理想的な状態や完全な状態に向かいたいという願望を、1度の人生だけで達成するのは経験的にも不可能だと感じられる。よって、限りない存続が必要になるのではないか」といった主旨の内容です。

他方、宗教の中で見られる主張は、「霊性・魂が美しく発展していくためには、過去の〝カルマ〟を解消しなければならない。一方、この世で生きることによりあらたな〝カルマ〟もつくられるため、限りない存続が必要となる」といった趣旨の内容です。

残念ながら、これらの主張には、推測の域を出ない思想的要素が多分に含まれており、「過去世の経験を現世に持ち越す」ことについては、明確な根拠を示しながら証明するというレベルには至っていません。

一方、この生まれかわりの問題に対し、あくまで事実関係に基づき、結論を導くことを試みた研究者がいます。

前世の記憶がある子供たち

ヴァージニア大学医学部精神科の主任教授を務めたイアン・スティーヴンソン※は、世界各地から寄せられた２０００件余りの生まれかわり事例を30年以上にわたり研究し続けました。

その方法は、過去世の記憶を持つ子供やその両親に直接ヒヤリングし、その語った内容の事実関係と、生まれかわり以外の方法でその情報を知り得た可能性を検証することで、「生まれかわり」の実在を確かめようというものです。

例えば、スリランカの少女「シャムリーニの生まれかわり事例」では、本人が話せるようになると、「前世では幼くして水田に落ちて溺死したこと、前に住んでいた自宅の詳細、前の両親のこと、姉妹や2人の同級生のこと」などについて、詳しく話すようになったそうです。

それから4歳のある日、ヘマセーリーだった前世のときの姉の姿をたまたま町で見つけ、「記憶にある前世時代の両親の元に連れて行って欲しい」と懇願するようになります。

そして、双方の家族が初めて出会い、２人の少女の情報を交換した結果、多くの点で情報が符合しました。また、特定の食物や服装の好みなどに関しても、いくつもの共通点があることが判明したそうです。

スティーヴンソンは、こうした多くの事例研究を通して、生まれかわりの記憶を持つ子供たちの間に次の5つの特徴があることを見出しています。

① 前世の人格と一致する行動パターンや嗜好、才能が見られる。

② 前世の人格にあった身体的特徴的（母斑・手術跡・先天的欠損等）が生まれかわった子供の体にも出現する。

③ 前世の記憶がたいてい幼児期（2歳～6歳頃）の間に語られ、10歳前後になると忘れ去られていく。
④ 生まれかわってくるという予言を生前に行っている。
⑤ 母親や親族になる人が、本人が生まれかわろうとしている〝予告夢〟を見る。

なお、スティーヴンソンは、『生まれかわりという考え方は、これにかわる説明が全て棄却できたときに初めて受け入れるべき解釈である』という、いかにも研究者らしい中立的な立場をとっており、「生まれかわりがある」とは決して断定していません。あくまで、事実とそれに基づく所見を紹介するので、それぞれの人が判断して欲しいという立場を貫いています。

他方、生まれかわりとは少し異なりますが、臓器移植に伴い、提供者の嗜好、記憶、思想の一部が、受給者に移る「記憶移転」と呼ばれる不思議な現象も多数の報告事例があります。

5 この世界に再び戻ってくる理由

自己の成長と未練の解消

生まれかわりがあると仮定した場合、なぜ再びこの世界に戻ってくるのでしょうか。

これは、想像の域を出ることはできませんが、大きく2つの可能性が考えられます。

1つ目は、「自己がより崇高な状態、より理想的な状態に近づくため」です。これは、先ほど紹介した、多くの哲学や宗教の主張と同様のものです。

2つ目は、「未練の解消のため」です。スティーヴンソンの研究によれば、前世の記憶を持つ子供の多くが、不完全な状態で一生を終えていたそうです。

例えば、「横変死や自然死によって突然死亡した者」、「年若くして死んだ者」、「戦争や殺害によって志半ばでたおされた者」、「乳幼児の世話や負債の清算といった未完成の仕事を残した者」など、この世に何らの未練を強く残している状況だったと言います。

確かに、こうした状況で途中退場を余儀なくされたのであれば、「もう1度やり直したい」と思うのは、むしろ自然のことのように思います。

なぜ別の場所ではダメなのか

一方、この2つのことを実現する上で、「何もこの世界でなくてもよいのでは」との疑問も湧いてきます。この問いの答えについては、私たちの日常に置き換えてみると何となく想像がつきます。

まず、「心（自己）が理想の状態に近づくために、この世界を選択する」理由について考えてみます。アレグザンダー医師の臨死体験談によれば、あちら側の世界では、何かを具体的に思い浮かべれば、直ぐにそれが出現したそうです。

これはこれで素晴らしい状況ですが、初めのうちは満足できても、何かを実現する途中のプロセスが省かれてしまうと、体験という観点ではそのうち物足りなさを感じてくるように思います。

例えば、「新工場を立てたい！」、「海外に進出したい！」、「エベレストの頂上に立ちたい！」と思えば、直ぐにそれが実現するのです。一方、計画を立てたり、誰かに協力を求めたり、諸々の試行錯誤や創意工夫をしたり、トレーニングをしたり、前日の夜にワクワクしたりといった途中のプロセスはすべて省かれています。

このような状況では、物的な要求は満たされたとしても、精神的な充足感や満足感は十分に得られそうにありません。少なくとも、心をより崇高な状態、より理想的な状態にするために、適した環境とは言えそうにありません。

どうせなら同じ場面からゲームを再開したい

次に、「未練の解消のため」に、わざわざこの世界に戻る理由について考えてみます。

例えば、こんな場面を想像してみてください。「ようやく予約が取れて、３か月前からとても楽しみにしていた有名シェフのコース料理。ようやくそのときを迎えます。前菜も、スープも絶品で、大満足です。そして、いよいよメインディッシュ。突然スマホが鳴り、どうしても会社に戻らなければならなくなりました」。

このような状況を体験した場合、その後、それに代わりそうなどんなに美味しい料理を食べたとしても、「そのシェフの料理を食べたい」という思いは実際に食べるまでは決して解消されないと思いませんか。

あるいは、例えば、「優勝を決めるような大事な試合で延長戦でも決着がつかずに最終的にジャンケンで勝敗を決めるようなことになれば、仮に勝ったとしても何となく心残りで、できることなら同じ状況から試合を続け〝決着したい〟と思う」ことでしょう。

もちろん、「もう1度」という願望の強さは、その時々の状況や人によっても異なるでしょう。しかし、過去を振り返ったときに「できればもう1度やり直したい！」と強く思うことが、誰にでも1つや2つあるのではないでしょうか。

与えられる内省の機会

もし、やり直しの機会が与えられたとしたら、このチャンスを活かす最も有効な方法の1つは、〝反省〟することです。振返りをすることで、残念な思いや悔しい思いが再び湧き起こり、それが「もう1度やり直したい！」という強い原動力を生み出すことになるでしょう。

また、他にどんな選択肢があったかを検討できれば「次はこうしよう」、「もっとこうしたい」といった思いも湧いてくるでしょう。

実は、人が死んだ直後にも、このような内省の機会が与えられるようです。

アメリカの医師であり心理学者でもあるレイモンド・ムーディは、臨死状態から生還した150人以上をヒヤリングし、その体験談から共通要素10項目を抽出しました。それによれば、臨死状態の中では、この共通要素のうちいくつかを体験しますが、その1つに「一生を振り返る〝走馬灯的体験〟」があるそうです。

ちなみに、先ほど紹介した、「私が山から滑落したときの体験」も、この〝走馬灯的体験〟の一種だと思われますが、私の場合、過去の出来事をただ映像として見ているだけで、それについて、1つひとつ内省する場面まではありませんでした。これは、おそらく臨死という段階まで行かなかったためと想定されます。

語り継がれてきた天国と地獄の正体

インドにある「ワンネスユニバーシティー」（現Ｏ＆Ｏアカデミー）の教えによれば、この走馬灯的体験について、体験の中で「自分が、他人に対して行ってきたすべての事柄について、そのときに相手が受けていた感情を、1つひとつそのまま再体験する機会が与えられる」そうです。

例えば、落ちこんでいる人を優しく励ましたのであれば、そのときに相手が感じた温かく包まれるような感情を再体験します。あるいは、困っているのを知りながらも冷たく接したのであれば、そのときに相手が感じた痛みや絶望感のような感情をそのまま再体験することになります。

私は、この話を聞いたときに、昔から語られてきた天国と地獄の実態は、この再体験のことではないかと直感的に思いました。

他方、アメリカにある「ラムサの学校」の教えでは、この走馬灯的体験のことを「ライフレビュー」と呼んでいます。その概要は、書籍『ラムサ　ホワイトブック（改訂版）』の中で次のように紹介されています。

『人が死ぬと、可視光のレベルにある第三の天界（光の天界）に行くことになるが、その人間はそこで人生全体を振り返ることになる。このレビューでその人間は、「行為の観察者」、「行為の実行者」、「行為の受け手」として、その人生における出来事をすべて再体験することになる。ライフレビューのときに出てきたその人生での未解決の課題が、次の転生の基盤となる』。

これらの教えの真偽を科学的に証明することはできませんが、もしこうした機会を与えられるのであれば、「もう1度やり直したい」と強く思うのは、私たちの日常感覚に照らしても、むしろ自然の流れのように思います。

6 今の状況は誰のせい？

すべては「偶然」という選択

ここまで、臨死体験に関する医師の体験談や研究結果、参考になりそうな教え、そして私たちの日常感覚に照らし合わせて、「生まれかわりがありそうだ」という前提で話を進めてきました。

今度は反対に、「生まれかわりはない」という観点で考えてみることにしましょう。

遺伝学の観点からすれば、私たち1人ひとりが独自の特徴を持っているのは、両親の染色体の中からランダムに選び出された染色体と遺伝子が、私たちに分与された結果です。つまり、母親と父親から46枚ずつ染色体のカードを受け取り、適当に切りながら混ぜ合わせて配ったときのように偶然生じたものということになります。

そうだとすれば、先ほど紹介した双子の形質や性格、能力の違いも、兄弟・姉妹の間にあるそれらの違いも、「遺伝子が偶然混ぜ合わされた結果である」という考え方を、受け入れなければなりません。あくまで偶然であり、本人の関与する余地は全くなかったことになります。

もし、この立場を取れば、何らかの不遇や不満が生じたときに、両親や宿命、さらには生まれた時代や星の配置のせいにすることすら、場合によっては可能となります。

もちろん、実際にそれを言い訳にするかどうかは、あくまで本人次第ということになりますが、「偶然」という考え方が、「責任逃れの余地を与える」という事実は変わりません。

すべては「自己責任」という選択

一方、「すべてを自分が選んだ」という立場を取れば、誰のせいにすることもできなくなります。今与えられた状況を完全に受け入れ、すべてを自己責任で対処していく必要があります。

そのため、自分の周りで起こる様々な問題を多少なりとも、遺伝や自分を除く周囲の人々、あるいは社会のせいにしたい人たちにとっては、この立場を取るのは大きな重荷になるでしょう。

なお、第4章で話した自我は、できるだけ自分が傷ついたり、自分を小さく見せたりしたくないので、何か問題が生じたときの責任を外に求める傾向があります。

この責任の所在という問題は、「生まれかわりがある／ない」という議論をいったん横に置いても、どちらの立場をとるほうが「自分がより豊かな人生を歩めそうか」、少なくとも1度は皆さんに真剣に熟考してもらいたいテーマの1つです。

それでは、実際に、「どのように自分が親や遺伝子を選ぶのか」の可能性については、この後でお話しします。

自己同一性を継承する仕組み

他人が難関ステージをクリアした続きからゲームを始めても、何となく物足りないのと同じように、もし人生をやり直すのであれば、前世と現世で自己の同一性が保たれていたほうがよさそうです。

この継承メカニズムについて、アメリカの細胞生物学者であり、また科学とスピリットを橋渡しする第一人者として国際的にも認められているブルース・リプトン博士※は、著書『思考のすごい力』の中で、人間の身体をテレビにたとえながら、次のような説明をしています。

『私たちの本質は、テレビ画面に映し出される映像であり、それはテレビ内部から発せられたものではなく、アンテナが受信した情報である。仮にテレビ（肉体）が死んでも、放送イメージ（魂）はまだ空中に存在しているため、同じ放送を受信できる適当なテレビとアンテナセットを用意すれば、再び映像の続きを映し出すことができる』。また、『実際のテレビアンテナに相当するのは、細胞膜の表面にある一連の「レセプターセット」である』と説明を加えています。

ここで、前章で話したようにレセプター（受容体）とは、細胞外からやってくる様々な信号を受容する細胞膜にあるゲートを指します。その働きは、種々の栄養素、神経伝達物質、ホルモン、種々の生理活性物質といった分子レベルの信号に加え、光、音、振動、電磁波といった波の性質を持つ信号を、ＲＮＡ（ＤＮＡ）の情報に基づき、まさにアンテナと同じように選択的に受容します。

なお、この考えを用いれば、先ほど紹介した臓器移植者に「記憶移転」が起きる理由も、上手く説明がつけられます。

ちなみに、リプトン博士は、生物学者の立場から、私たちが体内に有する受信機を、細胞膜表面のレセプターに言及していますが、他の科学者によれば、脳のいくつかの器官も、これと同様の受信機能の役割を担っているとしています。

魂の選択プロセス

一方、この理論は、「あくまで自分に合ったテレビとアンテナセットが用意されれば」という前提に基づいていますが、実際にそれは可能なのでしょうか、２つの観点から考えてみましょう。

１つ目の観点は、先ほど話したように、細胞の性質は、「遺伝子」と「環境をどう捉えるかという心持ち」の両方の影響を受けるという点です。

「遺伝情報」も「考え方」も近い親族であれば、比較的高い確率で自分に適合するテレビセットを提供できることになります。

このことは、臓器移植に際して、親族が高い確率でドナーに適合することから見ても容易に想像できます。

2つ目の観点は、母親の生理学的な点からです。女性は、気分や環境によって体の状態が大きく変化します。あまりよい表現でないかもしれませんが、霊媒師が誰かの霊を引き受けて憑依するときのように、生まれかわろうとしている魂が母親となる女性に何らかの影響を与えることができれば、自らが望む必要な変化を女性の体にある程度起こすことができるかもしれません。

例えば、精子が進む体液の粘稠性やその他の特性を変化させることで受精する精子を選択する。あるいは、妊娠後の母親の好物や気分を変えることで胎児の胚の分割や身体の形成に影響を与えるといった可能性が考えられます。なお、実際に妊娠後の女性の好物や気分が変わりやすくなることは、よく知られています。

肉体の死の後で、内省を経た後に、次の人生を生きるために適した体や環境を仮にこのような方法で自分自身が選択しているとすれば、むしろ喜んで人生の責任を引き受ける必要がありそうです。何しろ自分が望んだゲームの続きができるのですから。

もし、そうしなければ、魂の願いに従って自分自身が望んだ人生を本当の意味で生きたことになりません。そのため、次の「ライフレビュー」の中で、再び同じ人生を切望するはめになるかもしれません。

7　人生の真の目的

宿命と運命

本章のまとめとして、最後に人生の目的について考えてみたいと思います。

人生を考える上で、「自分の〝使命〟とは一体何だろう」あるいは、「自分の〝運命〟とは一体何だろう」と、思いを馳せたことがある方も多いでしょう。

ところで、ここでいう〝命〟とは何でしょうか。

これについては、昭和時代に歴代の総理や財界、皇室までもが精神的指導者として師と仰いだとされる、儒学者の安岡 正篤氏※の説明がわかりやすいので、その概要を紹介します。

『自分が天から与えられている素質能力を、称して〝命〟という。それを知ることを〝知命〟、それを知って完全に発揮していくことを〝立命〟という。一方、〝命〟は、先天的に付与されている素質能力だが、ちょうど科学の進歩によって水から電気をつくったり、土から織物や薬品の原料を取り出したりできるように、後天的修養によっていかようにも変化させられる。即ち、動きのとれぬものではなくて、動くものであるという意味において〝運命〟という』。

さらにこう続きます。

『人間があさはかで無力であると、いわゆる〝宿命〟になる。人間が本当に磨かれてくると〝運命〟

になる。即ち、自分で自分の〝命〟を創造することができるようになる』。

すべての人が〝命〟を授かってこの世界に生きているわけですが、安岡氏の〝命〟に関するこれらの解釈を踏まえれば、人生の1つの目的は、生まれたときより少しでも〝命〟を進歩させることにありそうです。つまり、自分の責任で〝運命〟を切り拓き、創造していくということです。

それでは、どのようにして、〝命〟が進歩していることを確認すればよいのでしょうか。

自己の征服と拡大

一般的に〝宿命〟とは、生まれた場所、環境、性別など、自分ではどうしようもすることができない境遇とされています。

しかし、先ほど説明したように、もし、魂が望む人生の続きを歩むために適した環境を自分自身で設定しているとしたらどうでしょう。また、そのために過去世を〝継承〟するとしていたら…。

なお、ここでいう〝継承〟は、多くの宗教の間で語られているカルマ（業）の継承ではなく、自己の制限や心の傾向性（思考のクセ）のことです。

第4章で話したように、同じ場面や境遇に直面しても、人それぞれ感じ方や対応が異なります。一見、困難な場面に直面しても、難なくクリアする人もいれば、苦難を感じ挫折してしまう人もいます。ある願望を抱いても、それを保持し続けられる人もいれば、直ぐに諦めてしまう人もいます。その分水嶺になるのは、これまでの体験と遂行能力、そして心の傾向性です。

ここで、第4章で行った願望を保持するワークをもう1度思い出してみてください。あのときに聞こえてきた恐れや疑いといった頭の中の声は、ここで言う心の傾向性の1つです。特に、抱いた願望が大きければ大きいほど、また、自分自身に対するチャレンジが大きければ大きいほど、この声は勢いを増し、何度となく押し寄せてきました。そして、心の傾向性は、批判、疑い、衝動、逃避、逆境といった形で現れてきます。

もし、この心の傾向性が、生後に形成されたものだけでなく、過去世から継承したものまで含んでいるとしたらどうでしょうか。

きっと、過去にクリアできなかった場面と同じような状況に直面したときに、「お前には無理だ」、「お前には分不相応だ」、「お前にはもっと適したものがある」、「お前には…」といった、同じ声が再び聞こえてくるでしょう。あるいは、同様の感情が押し寄せてくるかもしれません。

このときに、過去と同じような苦悩や様々な感情を再体験しながら、それを克服していかなければいけないという意味では、確かに、一般的に言われるカルマの解消と似た側面があるかもしれません。

一方、その声や感情の征服は、魂にとってはチャンスとも言えます。何とかクリアすることができれば、過去（世）の悔しい思いや未完了の仕事を解消できたことになります。

そして、また、前掲の図表8に示した心の境界線（自分の制限）を拡大する機会を通して、魂が磨かれ、この人生を通じて自己が進歩していくことにも繋がります。

未知の体験の重要性

　ところで、死に際しては、肉体をはじめ、物質的な財産、名声、地位、功績…といった形態のあるものはすべてこの世界に置いていくことになります。なぜなら、自我を維持・強化するために役立ってきたこれらのモノは、魂にとっては必要のないものだからです。

　詳しい理由は、次章で説明しますが、魂は、原則的に新たに獲得した叡智のみを蓄積していきます。そのため、魂は、過去に経験したことがない出来事を完全に体験し尽くし、完了することを通して、叡智を拡大していくこと以外に関心がありません。

　ちなみに、叡智を辞書で引くと、「真実在や真理をとらえることのできる最高の認識能力」、あるいは「執着や愛憎などの私心から離れ、物事を正しく認識し判断する心の働き」とあります。

　本書では、もう少しわかりやすく「物事に対する本質的な理解」と定義することにします。

　この本質的な理解について、具体例を挙げてもう少し説明します。例えば、〝塩〟や〝砂糖〟の味をどんなに丁寧に教えてもらったり、本で読んだりしても、理解できるのはその輪郭だけです。本当の〝しょっぱさ〟や〝甘さ〟は、実際に体験するまで絶対にわかりません。

　塩を実際に舐めてみて、初めて〝しょっぱい〟とはどういうことか、この状況では〝塩〟を使うのがよいのか、〝砂糖〟も少し足したほうがよいのか、適切な判断ができるようになります。

　もし、あの人が言ったから〝塩〟はダメだ、本に書いてあったから〝砂糖〟がいい、などとわかったつもりでいるとしたら、本質的な理解とはほど遠いことになります。

他のすべての事柄についても同じです。本質的な理解を獲得するためには、体験が必要なのです。そして、魂は、それを望んでいます。

人生を棒に振らないために

他方、魂にはいい／悪いといった価値判断は一切ありません。そのため、結果的に私欲や自我を強化することに繋がるような体験であっても、それが未完了の体験であり、まだ叡智にできていないのであれば、魂にとっては意義あるものとなります。

反対に、一見どんなに崇高な行動であっても、ただ惰性的に繰り返しているだけで、叡智にしていないのであれば、魂の成長にとってはあまり意義のないものとなります。

例えば、困っている人を助けるのは一般的にはよい行動ですが、心理学者は知らずしらずのうちに中毒に陥ることに警笛を鳴らしています。

というのも、人を助ける際は、「セロトニン」、「ドーパミン」、「オキシトシン」と呼ばれる３つの脳内物質が分泌されることで幸福感をもたらしますが、肉体と脳にとってはこれが快感に繋がるためです。ついつい同様の体験を繰り返したくなるのです。

そして、エスカレートし過ぎると、「人を助けたい」という欲求が抑えられなくなり、本来の利他という目的から離れ、もはや自分を救うための行動に置き換わってしまいます。

ちなみに、この現象を、「ホワイトナイト症候群」と呼びますが、「ランナーズ・ハイ」、「クライマーズ・ハイ」、「ワーカーズ・ハイ」といった現象も、基本的には同じ原理で中毒性があります。

同様に、それ以外のあらゆる感情（脳内物質やホルモンの分泌）も中毒になるリスクをはらんでいます。例えば、喜びや楽しみといったポジティブな感情に加え、本来は一見回避したいと思われるような、悲しみや苦しみといったネガティブな感情でさえも、これに含まれます。

化学物質に対する肉体や脳のリピート欲求は、それほど強く働きます。ここで、「私は絶対に大丈夫！」と思っている方は、「アルコール」、「コーヒー」、「お茶」、「スイーツ」、「ラーメン」など、頻繁に飲食しているもの、あるいは「テレビ」、「ネットサーフィン」、「SNS」などを試しに一定の期間止めてみてください。もし、落ち着きがなくなるようであれば、それはある種の中毒反応です。

なお、ここで誤解して欲しくないのは、未体験であれば、悪いと知りながらもどんどんやってもよいとか、よい行動や楽しみを控えろと言っているわけではありません。

あくまで、人生を棒に振らないために、新鮮な体験を伴うことなく、ただ惰性的に同じ行動や思考を繰り返し続けることで、感情中毒に陥らないように気をつけて欲しいのです。

ちなみに、それが既に完了済の体験かどうかは、その体験を通して得られる感覚や感情を容易に想像できるかどうかで判断すればよいでしょう。容易に想像ができるようであれば、高い確率で既に体験済です。

ただし、体験し尽くすというレベルまで達しているかどうかは、また別問題となります。人間国宝や文化勲章を受章するような伝統工芸家たちが、「恐らく、一生かかっても本当に納得いくものはできないでしょう」といった言葉を語るのを耳にすることがありますが、こうした方たちは、傍から見ると同じことを繰り返しているようでも、当事者たちは、毎回、毎回、異なる体験を積んでいるのだと思います。

人生の究極の目的

無意識のうちに同じ行動や思考を繰り返すことは、２つの問題を引き起こします。

１つ目は、「脳と身体の劣化を早める」ということです。

年を取ると、言葉が出てこなくなったり、身体機能や新陳代謝のスピードが低下したりします。これは、脳の注意システムと基底核が段々と使われなくなることで、アセチルコリンの分泌量が減少して脳を委縮するために起こります。また、細胞内のリボソームの同じ箇所だけが消耗するため、ＲＡＮが行うＤＮＡ情報のコピーが不完全になり、細胞を正常に修復・再生することができなくなることも起因しています。

一方、逆もまた然りで、年齢を重ねても、常に新しいことに挑戦し続けている人は、注意システムが活発に機能し続けたり、リボソームの消耗が抑えられるため若々しさが持続します。80歳の最高齢でエベレストに登頂した三浦 雄一郎氏や、70歳を超えても熱いロックを歌い続ける矢沢 永吉氏は、その代表例です。また、産業界でもスズキの鈴木 修氏（91歳）、京セラの稲盛 和夫氏（89歳）、日本電産の永守 重信氏（76歳）なども、第一線で活躍を続けています。なお、前章で、「多重人格者は、他の人々に比べて老いるスピードが遅い」ことを紹介しましたが、これも、人格が変わることで脳の他の部分（プログラム）が使われるため、結果的に注意システムやリボソームの消耗に対して同様の効果が起きているためではないかと考えられます。

2つ目は、繰返しになりますが、「新たな体験を積んで叡智を獲得していなければ、魂の成長に繋がらないから」です。体は生きていても、本当に命が生かされていることにはなりません。

そういう意味では、感情中毒に陥ったり、惰性に任せたりせず、自分がまだ体験したことのないことをできるだけ多く積み重ね、そして完了させることで、物事に対する本質的な理解を拡大していくことが、人生の最大の目的ではないかと思います。

あれこれ難しいことを考えずに、「純粋に体験してみたい」、「純粋にやってみたい」という思いに任せて……。

【まとめ】 本章では、まず、〝死〟についての証言や研究結果、私の体験談なども交え、「どうも肉体の死とは、別に生き続ける存在〝魂〟がありそうだ」という話をしました。また、魂が再びこの世界に戻ってくる理由や、前の人生を継承する仕組みの可能性についても見てきました。

そして、魂の成長という観点で、この人生を豊かで実りあるものにするために、どう生きるのがよさそうかについて所見を紹介してきました。

一方、私たちの魂は、なぜこれほどまでに体験を通じて成長することを求めるのでしょうか。その疑問に対する答えについては、次章でお話しします。

第7章　〝心〟と宇宙の繋がり

1　心と宇宙の関係性「名経営者と先哲が語る宇宙とは」

なぜ宇宙を語る必要があるのか

「心に関する本なのに、なぜ宇宙？」と、疑問を抱く方も多いと思います。私も、以前は、同じような疑問を幾度となく感じてきました。というのも、第2章で紹介した、心の重要性を語る名経営者や先哲と呼ばれる人たちが、〝心〟と関連づけて〝宇宙〟という言葉を度々用いているからです。

一方、こうした考えに度々触れ、また私自身が様々な体験を積む中で、名経営者や先哲たちが宇宙を語る理由を少しずつ理解できるようになりました。それらを一言でまとめれば、次のようになります。

「〝宇宙〟とは、人間も含めた〝森羅万象〟のことであり、そこにはすべてのものにあまねく働く〝宇宙の法則〟があります。そして、心のあり方や使い方がこの法則に沿っているときに、人は本来の力を最大限に発揮でき、また本当の幸せを感じることができる」。

なお、宇宙の法則は、いくつかあります。代表的なものとして、「因果応報（因果律）」、「自由意志（無碍自在）」、「生成発展（進化と創造）」、「調和」、「無限」といったもので、その根底にあるのは「無条件の愛と受容」です。

他方、今や科学的な観点からも、宇宙と心は切っても切れない関係であることを説明することができます。

そこで、本章では、宇宙の真理や仕組みを交えながら、心の力を余すところなく発揮するためのポイントについて話します。

まずは、名経営者たちが宇宙について、どのように語っているかを見ていくことにしましょう。

名経営者・先哲が語る宇宙①「愛と調和」（稲盛　和夫氏）

稲盛氏は、これまでの経験から、「目には見えないが、宇宙にはすべてを〝生かそう〟とする静かで強靭な意識、思い、力、エネルギー…、そういうものが、確実にある」ことを感じると言います。また、それらを「宇宙の意志」、あるいは「サムシンググレート」、「創造主の見えざる手」という言葉で表現しています。そして、それを踏まえ次のように語っています。

『それは、言い換えれば、森羅万象あらゆるものを成長発展させよう、善の方向に導こうとする宇宙に満たされた〝愛〟であり、〝慈悲の心〟である。そして、その宇宙の意志（愛）と調和するような生き方をすれば、人生は自ずと素晴らしいものになっていく』。

さらに、宇宙の意志と調和する生き方の具体例として、「感謝と誠実」、「一生懸命働くこと」、「素直な心」、「反省を忘れない気持ち」、「恨んだり妬んだりしない心」などを挙げています。

そして、その最たる生き方が、「他人を思いやる利他の精神」であると位置づけています。なお、これは、第2章で紹介した稲盛氏がよく語っている「利他の心」とも繫がる考えです。

ちなみに、「利他の精神や心」、あるいは「宇宙に満たされた愛」と言われてもピンとこない方は、身近なところで、母親が子供に向ける愛情を思い浮かべてもらうとよいでしょう。

世の中のほとんどの母親は、子供が喜んでいればわがことのように喜びます。逆に苦しんでいれば、自分も胸を痛めます。また、病気になれば、献身的に看病します。そして、そこには見返りや何かを期待するといった、私心というものは全くありません。

他方、子供が悪さをしたり、人に迷惑を掛けたりするようなことがあっても、叱りはするものの、子供に対する愛情が揺らぐことは全くありません。だからこそ、子供は自由にのびのびと成長することができます。

私は、「利他の心」や「宇宙に満たされた愛」というのは、本質的には母親から子供に対して向けられる、こうした愛情と同じではないかと捉えています。

名経営者・先哲が語る宇宙②「生成発展」（松下 幸之助氏）

松下氏は、人間や宇宙の本質を追求するという思想家の側面も持っていました。その宇宙観について、著書「人間を考える」の中で次のように語っています。

『宇宙に存在するすべてのものは、つねに生成し、たえず発展する。万物は日に新たであり、生成発展は自然の理法である。人間には、この宇宙の動きに順応しつつ万物を支配する力が、その本性として与えられている。人間は、たえず生成発展する宇宙に君臨し、宇宙にひそむ偉大なる力を開発し、万物に与えられたるそれぞれの本質を見出しながら、これを生かし活用することによって、物心一如の真の繁栄を生み出すことができるのである。かかる人間の特性は、自然の理法によって与えられた天命である』。

他方、第2章で紹介したように、松下氏は、「私心に捉われない素直な心」の重要性を頻繁に説いていましたが、これに関連し、私たちの態度について同書の中で次のように注意を与えています。

『このすぐれた特性を与えられた人間も、個々の現実の姿を見れば、必ずしも公正にして力強い存在とはいえない。人間はつねに繁栄を求めつつも往々にして貧困に陥り、平和を願いつつもいつしか争いに明け暮れ、幸福を得んとしてしばしば不幸におそわれてきている。かかる人間の現実の姿こそ、みずからに与えられた天命を悟らず、個々の利害得失や知恵才覚にとらわれて歩まんとする結果にほかならない』。

つまり、「生成発展こそが宇宙の法則であり、私たちはその宇宙の動きを支配する力を持っているにもかかわらず、私心に捉われるあまり、その力を十分に生かし切れていない」というのが、松下氏の宇宙観と私たちに対する警告です。

名経営者・先哲が語る宇宙③「宇宙の因果律」（中村　天風氏）

天風氏が、長年の闘病生活の苦しみの中で悟ったことは、「私たちの一切の人生（結果）は、宇宙の因果律という法則に従い、心で行う思考（原因）によって創られる」ということです。また、その仕組みを要約すると次のように語っています。

『この宇宙にあるものは、すべて〝宇宙霊〟と呼ぶ、宇宙創造の源である先天の〝気〟（エネルギー）の分派によって創られている。例えば、〝電気〟・〝磁気〟・〝大気〟…、加えて〝元気〟・〝勇気〟・〝活気〟…、さらには人間生命の本質である〝霊魂〟もが、この〝宇宙霊〟から分派された後天の〝気〟の一形態である。何かを創造する際は、これらの〝気〟を必ず動かす必要があるが、人間の場合は、〝心〟が思ったり考えたりすることによって〝霊魂〟を活動させ、〝宇宙霊〟に働きかける。よって、人間の思考作用と宇宙霊の創造作用は本質的には1つのものである』。

ここで〝気〟について、もう少し身近な例を用いて補足します。例えば、風は〝大気〟の流動であり、雲は〝大気〟が凝結したものです。また、同じ〝大気〟を私たちは呼吸を通して体内に充満し、循環させ、体を賦活する生命力を得ています。このような観点で、私たちを活かしている源が〝気〟であるという考えは、確かに納得ができます。ちなみに、〝気〟はラテン語ではspiritus（スピリトゥス）と言いますから、〝霊魂〟が気の一形態であるというのも頷けます。

他方、第2章で紹介したように、天風氏は、頻繁に「心を積極的に保つ」ことの重要性を語っていました。その理由が、この宇宙と心の関係にあります。というのも、宇宙霊には、大きく分けると〝創造〟と〝破壊〟の気、すなわち〝プラス〟と〝マイナス〟のエネルギーがあり、心を積極的に保つことにより〝創造の力〟が働き、逆に消極的であれば〝破壊の力〟が働くからです。

だからこそ、私たちは、常日頃から心が今どちらの状態にあるかを注意深く観察する必要があります。

以上、ここまでが名経営者や先哲たちが語っている「宇宙」についての代表的な概念です。次節以降では、こうした宇宙の概念を踏まえながら、宇宙にあまねく働く力を利用することで、実際にどんなことが起きるかを見ていくことにします。

2 宇宙と繋がった偉人たち

今にも潰れそうな会社から世界初の技術

稲盛氏は、学生時代は有機化学を専攻しており、京セラの主力事業となっているセラミックに関しては門外漢で、基礎的な知識や技術を持っていなかったそうです。また、初めて就職した会社は、粗末な研究設備しかない今にも潰れそうな小さな会社でした。そういう状況の中で、世界初となるファインセラミックの合成手法を確立し、京セラの礎を築きました。

このファインセラミックは、世界最大の総合電機メーカーであるゼネラル・エレクトリック（GE)が1年ほど前に世界で初めて合成に成功した新素材でしたが、稲盛氏は、同じ組成でありながら、全く異なる合成手法を確立したのです。しかも、知識や設備もほとんどない状況の中でです。なぜそんな偉業を実現できたのでしょうか。

その成功の秘訣について、稲盛氏は、『偶然でもなければ、自分の才能でもなく、宇宙のどこかにある「叡智の井戸」から、そこに蓄えられた「知」を、新しいひらめき（インスピレーション）や創造力として汲み上げられたからではないか』と語っています。

他方、稲盛氏だけでなく、歴史上の多くの偉人たちもまた、何らかのかたちで宇宙と繋がることによって偉大な創造や発明を成し遂げています。

宇宙と繋がった「音楽家」たち

少し悲しげな「Yesterday～」の歌声で始まるビートルズの代表曲「イエスタデイ」。カバー曲が３０００種類も存在し、史上で最もカバーされた曲と言わるほどの名曲なので、多くの方が1度は耳にしたことがあるのではないでしょうか。実は、この曲は、ポール・マッカトニーが夢の中で聴いたメロディをそのまま再現することで生まれました。

ポールは、夢の中のメロディがあまりにも鮮明で、よくできすぎていたので、「どこかで聴いた他の誰かの曲ではないか」と心配になり、何人もの知人に、「この曲を聴いたことがあるか」と聞き回った末、ようやく自分のオリジナル曲であることを確信したそうです。

他方、もう1人、独特な方法で作曲を行っていた音楽家を紹介します。モーツァルトは、５歳で作曲を始めると、生涯で６００曲以上を生み出しました。

モーツァルトの楽曲の素晴らしさは、皆さんもよく知るところですが、その創作方法は、音を試行錯誤しながら進めるという通常の作曲スタイルとは異なり、頭の中ですべてを完成させ、それから曲を楽譜に移すという独特な方法で行われました。また、そのスピードが驚くほど速く、写譜するだけなので楽譜に書直しの跡がほとんどないことでも有名だったそうです。

想像するに、このモーツァルトの作曲風景を周囲で見ていた人たちは、まるで「天から音楽が降り注いできている」かのように見えていたかもしれません。

ちなみに、モーツァルトの曲は、自然界に多く見られる1/fゆらぎ成分が随所に含まれ、リラクゼーション効果やヒーリング効果が高いと言われています。今のような科学がまだ発達していない1700年代にこうした音の成分を意図してちりばめたとは考えにくく、これもまた彼独特の作曲スタイルが生み出した妙なのかもしれません。

宇宙と繋がった「科学者」たち

今や私たちの生活に欠くことのできない電気もまた、宇宙と繋がった科学者により発明されました。電気というと、真っ先にエジソンを思い浮かべる方が多いかもしれませんが、彼の発明は「電池」などに用いられる直流に関する内容がメインでした。

一方、私たちが日常の中で使っている交流とその発電・送電システムは、ニコラ・テスラによって発明されました。

テスラは、この他にも、蛍光灯、無線制御装置、ラジオ、X線、レーダー、マイクロ波など、今や私たちの社会や生活に欠くことのできない技術を数多く発明しています。

ちなみに、今や世界一の電気自動車メーカーとなった「テスラ」の社名は、この天才物理学者ニコラ・テスラをリスクペクとしてつけられたものです。

そんなテスラですが、彼は、何らかのアイデアを思いつくと、それがあまりにもリアルに見えるため、頭の中で起きていることなのか、外に実在しているものなのか困惑し、周囲の人に度々確認していたそうです。

他方、テスラが生涯を通じて追及した研究テーマはエネルギーでしたが、宇宙全体を満たす「エーテル」と呼ばれるエネルギーに言及しながら、空間から電気を取り出すフリーエネルギーや、反重力装置（ＵＦＯ）まで考案していました。

こうしたテスラの偉業を見ると、彼もまた何らかのかたちで宇宙と繋がっていたように思います。ちなみに、テスラは、周りから見るとあまりにも奇抜な発想を繰り返していたことから、「マッドサイエンティスト」という悪名をつけられていたそうです。確かに、１００年前にはまだ受け入れ難いアイデアも多かったのでしょう。

しかし、彼の父がセルビア正教会の司祭であったことや、彼の多くの発言を見ていると、彼の中には人の幸せや世の中の平和に対する強い思いが根底にあったように感じられます。だからこそ、多くの人に役立つような数々の偉大な発明を成し遂げられたのではないでしょうか。そんなテスラの言葉を2つほど紹介します。

『あなたの憎しみを電気に変換してしまいなさい。そうすれば、世界全体が明るくなる』。

『発明の究極の目的は、自然を人類の役に立てながら、物質世界を超える、精神の完全なる支配を得ることである』。

宇宙と繋がった「数学者」

数学界では知らない人がいないと言われるほどの著名人ですが、一般の方で数学の魔術師と呼ばれているシュリニヴァーサ・ラマヌジャンを知っている方は少ないかもしれません。かく言う私も、数年前に「奇蹟がくれた数式」という映画で初めて彼のことを知りました。

ラマヌジャンは、１８８７年にインドで生まれ、独学で数学を学び、32歳という若さでこの世を去りますが、その短い人生の中で４０００近くの定理を発見しています。

すでに公式として使われている定理も多い一方で、ブラックホールの研究に使われている「擬テータ関数」や、切れにくいインターネット回線網の研究に使われる「タウ関数」など、近年になってようやく活用され始めた定理もあるようです。

彼の定理は、周囲の人がどうやって見つけたか全く見当がつかないと言われるほど、斬新でシンプルなものが多く、また、天文学的な桁数の数字を扱っても誤差がほとんど出ない正確性を兼ね備えているのが特徴でした。

そんな彼の定理の見つけ方は、極めて独特で、寝ている間に夢に現れた数式を、起きてから本当に成立するか確かめるスタイルで行われたそうです。なお、彼は、『神の意に沿わない数式は意味がない』と語るほど、信仰心も高かったと言います。

3　宇宙と繋がるコツ

偉人たちの共通点

なぜ、これらの偉人たちは、宇宙と繋がり、素晴らしい作品を生み出したり、ビックリするような発明をできたのでしょうか。

もちろん、才能もあるでしょう。しかし、別の観点から見れば、何れの偉人もその対象が大好きで、それに没頭していたという共通点があります。好きだからこそ、対象に対する何らかの疑問や願望が湧いてきて、関連する様々な知識や体験を積み重ねていく中で、ときどき宇宙に繋がる瞬間というか、閃きの瞬間があったように思います。

実際に、ポールマッカートニーは、「イエスタデイ」の作曲に至るまでの人生の中で『好きな音楽家を通じて何百年分もの曲を聴いてきた』と語っています。また、ラマヌジャンは、15歳のときに出会った「純粋数学要覧」という数学公式集の証明に没頭するあまり、せっかく奨学金を受けて入学した大学を退学するはめになります。それでも、独学で数学の研究を続けていたそうです。

他方、偉人たちの間には、諦めないという共通点も見られます。テスラは、大学で電気モーターに魅了され、没頭しますが、父の死によって授業料が払えなくなり退学を余儀なくされます。しかし、その後も働きながらプライベートの時間とお金を使ってモータの開発を続け、7年がかりで誘導モーターの開発に成功しました。同様に、稲盛氏も前述の世界初のセラミック工法とは別に、「再結晶宝石」の工法研究を7年も続け開発に成功しました。

そもそも彼らの中には、〝諦める〟という概念さえないように感じます。仮にある方法がうまくいかなくても、別の方法、また別の方法を考え、できるまで淡々とやり続けています。それは、できることを〝願う〟というレベルを通り越し、まるでできることを〝確信〟しているかのようです。

宇宙と繋がる心は夢中で遊ぶ子供たち

「その人たちは、特別なんじゃないの、才能もあるし、能力も高いからできたんだよ」と思う方もいるかもしれませんが、本当にそれだけでしょうか。

ところで、何かに夢中になっていて、「ハッと気づいたら長い時間が経過していた」という体験はないでしょうか。例えば、「仕事」、「読書」、「会話」、「ゲーム」、「アニメ」、「映画」、「インターネット」、「SNS」等々。

このとき、脳内では、時間と空間を認識する部分の活動が低下し、前頭葉が活発になっていることがわかっています。また、夢中になればなるほど、「自分が誰であるかとか」、「今、何時だとか」、「今、どこにいるだとか」、「体の不快感や心地よさであるとか」、「過去や未来に対する不安や期待」といった諸々の意識や感覚がなくなり、その対象と1つになっています。

まさに、自我がなく無私の状態です。私は、これがある種の宇宙と繋がっている状態ではないかと考えています。

こうした事実を見ると、何も彼等だけが特別なわけでなく、誰もが特定の対象にフォーカスすることができるのです。ただ、それを持続できるか、できないかだけの違いなのです。

テスラが、『今思い描いていることが、頭の中で起っていることなのか、現実で起っているのか度々わからなくなった』ということからもわかるように、偉人たちは特定の対象に強いフォーカスを向け続けることで、宇宙と繋がりやすくなっていたのではないかと考えられます。

ただし、繰返しになりますが、この力は誰もが持っています。考えてもみてください。子供の頃は、毎日が、時間を忘れ、目の前の対象に夢中になっていたのではないでしょうか。

4　限りない可能性へのアクセス

すべての可能性の源「ゼロ・ポイント・フィールド」とは

公共の場に水道や電源があれば、これを使うのに躊躇する人はほとんどいないと思います。また、使ったからといって他人から咎められることもないでしょう。なぜなら、それは至るところに溢れていて、自由に使っても尽きることがないような性質のものだからです。

同様に、自分が何かを望んだり、何かに疑問を持ったときに、それに応えてくれる水源や電源のようなものがあれば、好きなように使いたいと思いませんか。

実は、宇宙には、「ゼロ・ポイント・フィールド」と呼ばれる、そんな源が本当に存在しています。このフィールドには、「宇宙の中で起こる現在・過去・未来に関するあらゆる情報が波動エネルギーの状態で記録されている」と言われています。

それでは、一体どこにそんな夢のような場所があるのでしょうか。それは、「真空」の中にあります。ちなみに、「真空」と聞くと、特殊な装置を使って造り出さなければならない特別な環境のように思うかもしれませんが、実は私たちの周りのあらゆるところに真空が存在しています。

第3章で話したように、私たちの世界を細かく見ていくと、物質、分子、原子、電子、原子核、陽子、中性子、素粒子から構成されています。

ここで、水素原子について考えてみましょう。水素原子の直径は約0・1ナノメートル（10億分の1メートル）ですが、さらに原子核は、その10万分の1ほどの大きさしかありません。もう少しわかりやすく言えば、「原子の大きさが東京ドームの直径」だとすると、「原子核は爪楊枝の直径ほど（約2mm）」の大きさしかありません。空間で考えると、原子の中で原子核が占める割合は1000兆分の1程度です。つまり、原子の中は、スカスカの真空状態です。また、分子と分子の間、空気を介した物質と物質の間にも真空状態が存在していることになります。

このように考えると、私たちの世界は「真空」、つまり「ゼロ・ポイント・フィールド」で満たされていることがわかります。なお、このフィールドが、稲盛氏が「叡智の泉」と表現している場所と同じではないかと思われます。

〝ない〟のに〝ある〟とはどういうことか

〝無〟の中に、何かがあると言われても理解できない方が多いと思います。

1913年に、アインシュタインとシュテルンは、すべてのエネルギーを放出したポテンシャルエネルギーが「ゼロ点振動エネルギー」、あるいは「調和振動エネルギー」として、ゼロ・ポイント・フィールドに取り残されることを示す数式を発見しました。

読み飛ばしても結構ですが、その数式「En = nhν + (hν/2)」を一応紹介しておきます。それぞれ、E：ポテンシャルエネルギー、n：エネルギー準位、h：プランク定数、ν：振動数となります。ここで、nをゼロにすると（hν/2）の項が残ることになりますが、これは光子1個の持つ半分のエネルギーとなります。一見、実在しないようにも思われますが、これは〝現れたり〟、〝消えたり〟を交互に繰り返していることを意味しており、「仮想光子」、あるいは「仮想量子」と呼ばれています。そして、ゼロ・ポイント・フィールドの中には、こうした仮想光子が無限に存在しているというのです。

ここで、「数式で説明されてもチンプンカンプンだ」という方のために、他の例えを用いて説明します。

〝赤色〟と〝緑色〟を混ぜると〝黄色〟になります。しかし、このことを知らずに、目の前に〝黄色〟の紙を差し出されて、「〝赤色〟と〝緑色〟もありますよね」と言われても知覚できません。それでも、〝赤〟と〝緑〟が実在しているのは確かです。皆さんが使っているプリンタが、〝シアン〟、〝マゼンタ〟、〝イエロー〟、〝黒〟の4色だけで何万色もの精妙な色を表現していることを思い出してください。一見、複雑な色でも、実は基本色の配合を微妙に変えているに過ぎません。

ゼロ・ポイント・フィールドは、目には見えませんが、同様のイメージで、ありとあらゆる情報が折り重なるかたちで存在していると言われています。

すべての人の意識は繋がっている

すべての情報が詰まった「ゼロ・ポイント・フィールド」が遍在しているなんて、何だか狐につままれたような話かもしれません。

一方で、この広大な宇宙は、きわめて小さな点から始まったと言われています。俗に「ビックバン」と呼ばれる現象ですが、現在の宇宙起源に関する科学的な定説は、「極小領域内の〝量子ゆらぎ〟をきっかけに、138億年前に〝インフレーション〟と呼ばれる凄まじい膨張が起きて宇宙が誕生した」とするものです。

また、このとき、極微小領域内に存在していた量子ゆらぎが宇宙全体に拡散しました。つまり、宇宙にあるすべてのものが、もともと1つの点から生まれたものであり、量子レベルでは今でもすべてが繋がっていると考えられています。

安岡正篤氏が、『自分というのは、独自の存在であると同時に、全体の部分でもあることを意味する言葉である』と語っていますが、まさにこの宇宙の状態を表しているように感じられます。

他方、1900年代の著名な心理学者であったユングは、「集合的無意識」という表現を用いて同様の概念を次のように語っています。

『人の心は、表面的には個別的であるかのように見えても、「集合的無意」によって交流している。そして、「集合的無意識」が個々の人々の中に入ってゆく過程を通してそれぞれの個性となり、また逆に個々の人の意識が「集合的無意識」に反映されていく』。

そして、また、これが「シンクロニシティ」が起こる理由でもあると説明しています。

同時発明という妙

シンクロニシティとは、「意味のある偶然の一致」、あるいは「共時性」と呼ばれる現象で、離れた場所で同じような現象が同時に起きることを指します。偉大な発明の中にも、「シンクロニシティが起きたのではないか」と考えられる事例がいくつもあります。

例えば、「太陽黒点」については、イタリアのガリレオ、ドイツのファブリツィウス、ドイツのシャイナーが、1611年～1612年の半年の間に独立して発見しています。また、今や技術開発や経済予想などあらゆる分野で必要不可欠となっている「微分積分」は、1680年代にイギリスのニュートンとドイツのライプニッツがほぼ同時に発表しました。加えて、「エネルギー保存の法則」は、1847年に独立して4件の考案がされています。この他にも、1700年代に発明された蒸気船は、５名がそれぞれ独自の発明だと主張しており、望遠鏡は９人以上の発明者がいるなど、同時期の発見や発明が数多くあります。

仮に、これらの発明者の間で多少の交流があったとしても、現代のような伝達手段がまだ発達していない時代です。そんな時代にこのような同時発明が成されたことは、大変興味深いところです。

一方、ユングが言うとおり、「集合的意識識」を通して同じ物事に関心のある人たちが意識を交流していたとすれば、離れた場所で同時発明が起こることも何となく理解できます。ちなみに、俗に言う「虫の知らせ」も、「シンクロニシティ」の一形態だと言われています。

第３章で、私たちの多くが「場の空気」（雰囲気）が変わる体験を持っていることを話しましたが、実は私たちの能力はそれだけに留まらず、宇宙全体の空気や情報をも読む力を秘めているのかもしれません。

そう考えれば、門外漢の稲盛氏が「叡智の泉」にアクセスして世界初の発明ができたことも大いに納得ができます。

5　私たちの常識を覆す世にも奇妙な量子の振舞い

私たちの世界は見えない量子の世界によって支配されている

「ゼロ・ポイント・フィールド」に、「過去・現在・未来に関するすべての情報が保存されている」とか、「すべては繋がっている」とか言われても、まだ理解できないない方も多いかもしれません。

この仕組みのカギを握るのが、「量子論」となります。原子より小さなミクロの世界は、従来の古典物理学では説明がつかないことが多く、それをカバーする物理学として「量子力学」という新しい理論が生まれました。ちなみに、今や量子力学をベースに世界経済の3分の1が成り立っていると言われるほど、私たちの生活にとって必要不可欠な科学であり、また技術でもあります。例えば、スマートフォンやパソコン、テレビや電子レンジに加え、LEDライトやGPS、MRI診断装置など、その応用範囲は多岐に渡っています。

他方、「量子力学」は、簡単に言えば、第3章で説明した素粒子の振舞いや性質の規則性を明らかにしたものです。通常、五感で知覚できるマクロの世界を中心に生きている私たちは、目に見えないミクロの世界のことを意識することはほとんどありません。しかし、このマクロの世界は、実際はミクロの世界によって支配されているといっても過言ではありません。しかも、そのミクロの世界は、私たちの常識を覆すようなルールに基づいて動いています。

このルールを知ることで、ここまで話してきた内容の理解が一層深まると思いますので、その詳細について話します。

量子に備わる3つの奇妙な性質

素粒子の主な性質は、①「2重性」、②「重合せ」、③「量子もつれ」の3つとなります。なお、科学ではこのような性質を持つ素粒子を「量子」と定義しています。それでは、それぞれの性質をもう少し詳しく見ていきましょう。

①「2重性」は、第3章で話したように、「素粒子が〝粒子〟と〝波〟の2つの性質を合わせ持つ」という性質です。その本質は、波のように振動した状態で遍在している素粒子が、観察によって波が崩壊し、その状態が1つに収束することで粒子のように振る舞うことを意味しています。

なお、ここでの観察とは、素粒子に対して簡単に元に戻れないようなマクロ的な影響を与えるものを指します。

例えば、科学的には計測器の針が動いたり、機器内部を電流が流れたりすることも、マクロ的な影響を及ぼすため観察と見なされています。一方、私たちの思考や、複数の人で構成される集団や社会の意識なども、この観察に該当するとされています。

②「重合せ」は、「すべての状態が同時に存在する」という性質です。

これは、先ほどの2重性を別の側面から表現しているとも言えます。素粒子が波のように振動しているときは、不確定性原理により位置（時間）と運動量（エネルギー）を同時に特定できません。位置を特定しようと思うと運動量が定まらなくなり、反対に運動量を特定しようとすると位置が定まらなくなります。あたかも複数の状態が同時に存在している状態であることから、「重合わ」と呼ばれています。

③「量子もつれ」は、「1度何らかの関係性を持った素粒子は、瞬時に相互作用を及ぼし合う」という性質です。

例えば、量子もつれ関係にある一方の素粒子を観察したときに〝右回り〟をしていれば、もう片一方は瞬時に〝左回り〟になるといった相互作用です。しかも、この相互作用は、どんなに遠く離れても〝瞬時〟に起こります。たとえそれが銀河の端から端であってもです。

ちなみに、この影響が光の速度を超え、まるで空間などないかのように作用することから、あのアインシュタインが「不気味な遠隔作用」と呼んだほど、奇妙な現象として知られています。

以上が、素粒子が持つ性質ですが、私たちの常識からすると何れも少し理解しがたいものばかりです。しかし、第3章で紹介した2重スリット実験や、自然界で観測される様々な現象を矛盾なく説明できるということで、今日では素粒子がこうした性質を持つと考えられています。

私たちの捉え方が知覚する世界を決める

量子力学が様々な分野で応用されているのは事実ですが、すべてが完全に解明されたわけではありません。私たちが知覚しているマクロの世界とミクロの世界の関係は、まだ不明点も多く、世界中の多くの科学者が研究や実証を続けています。そのため、量子論にはいくつかの理論があります。

一方、「1つの素粒子が複数の状態を同時に保持している」という点は、何れの量子論も共通しており、そこから、「a：観察をきっかけに素粒子が1つの状態に収束する」という理論と、「b：収束は起こらずに量子的にとり得る無数の状態へと世界が枝分かれしていく」という理論の2つに大きく分かれていきます。前者の代表が「a1：コペンハーゲン解釈」や「a2：ペンローズ解釈」

と呼ばれる量子論で、後者はエヴェレットが提唱した「b1:他世界解釈」と呼ばれる量子論です。

他方、ここで重要な点は、収束が起きようが起きまいが、何れの理論も「私たちが実際に知覚するのは、特定の1つの世界だ」という点です。

そして、それは観察により決まると言っています。

つまり、量子論では、「私たちが物事をどう捉えるか（観察するか）によって、実際に知覚する世界が変わる」と言っています。表現を変えれば、「自分の捉え方によって、現実が変わる」ということになります。なお、これは、捉え方に応じて過去や未来さえも書き換わることを意味します。

例えば、「不具合によってお客様に大きな迷惑をかけるようなトラブルを起こし、大きな失望感や後悔を感じています」。

これは、一見望ましくない状況です。「しかし、奮起し直して不良原因を徹底的に究明し対処したことで、反ってよい商品に生まれ変わりました。そして、お客様の信頼を取り戻せたばかりか、他のお客様にも評判となり、大ヒット商品になった」ということになれば、〝大失敗〟をしたという過去と、暗雲が立ち込めていた〝未来〟も書き換わったことになります。

これは、科学的に言えば、〝失望感〟や〝後悔〟というエネルギーが波へと戻され、〝信頼の回復〟という別の粒子へと収束しただけのことです。

このように考えれば、ゼロ・ポイント・フィールドに、量子が偏在状態で「過去・現在・未来」を同時に保持しているというのも、何となく頷けるのではないでしょうか。

6　心の凄いポテンシャル

観察効果を最大限に高めるには

量子論を聞くと、私たちには何だかとてつもない力が備わっているような気がしてきます。何しろ、「自分の意図(観察)のとおりに素粒子の振舞いを変えて、現実を創り変えることができる」と言っているのですから。しかも、天風氏は、『この環境(現実)を変える最も大きな力を有しているのは、森羅万象の中で宇宙とのパイプが最も太い人間だ』と言っています。

一方、「それなのに、なぜ現実はなかなか変わらないのか」と疑問を感じている方も多いでしょう。結論を先に言えば、「観察を保持」していないからです。

第4章のワークを思い出してください。思い描いた望みに集中しようとしても、モンキーマインドが走り回り、直ぐに観察の対象が他のことに移ってしまいました。「周りにどんな風に思われるだろう」、「やっぱり私には無理だ」、「私にはもっと別の相応しいものがある」等々。さらに、無意識下でも沢山のプログラムが走っています。

素粒子の収束は、ベクトルの総和で起こります。ある一瞬だけ望みにフォーカスしても、残りの大半がそれを否定するようなことにフォーカスしているのであれば、当然、後者が私たちの現実になります。至って、シンプルです。このため、観察効果を高めるには、自分の思考を注意深く観察し、余計なプログラム（思考）を止める必要があります。つまり、感情をベースにしたモンキーマインドの自動走行を、意識的に止めなければなりません。

もう1つ重要な点は、〝常識〟という幻想を手放すことです。先ほど紹介した量子論の「ａ２：ペンローズ解釈」では、『確かに複数の可能性が存在しているが、それを別個に維持するのは大変なので、「社会意識」や「集合意識」によって1つに収束した現実を、私たちは感じている』と言っています。つまり、「社会通念や常識ということに捉われるあまり、多くの人があたかも同じ（ように見える）現実を保持し続けている」と言うことです。

スティーブ・ジョブズは、スタンフォード大学の卒業スピーチで、『他人の考えに従って生きて、時間を無駄にしないでください。他人の考えに溺れるあまり、あなた方の内なる声がかき消されないように』と語っています。お互いが気持ちよく生活するために、最低限のマナーを守ることは大切です。しかし、必要以上に周りの考え方や行動に同調する、あるいは周りの反応を気にするあまり、本来自分が有している力を存分に使ってないとしたら、それこそ勿体ないと思いませんか。

「人間は脳の10％程度しか使っていない」という話をたまに耳にしますが、これから話すように、脳が持つ本来のポテンシャルを考えれば、これは事実なのかもしれません。

とんでもないコンピュータの出現！

２０２０年10月、グーグルが開発した量子コンピュータの試作機が、「世界最速のスーパーコンピュータで、1万年かかる計算を200秒で実行した」ということが話題になりました。

ちなみに量子コンピュータとは、先ほど話した量子が持つ「重合わ」や、「量子もつれ」の性質を利用して、複数の状態を1度に創り出し、同時に処理することで、大規模な演算を短時間で行う次世代コンピュータです。

簡単に仕組みを説明します。今2つのボールがあると考えてください。従来のコンピュータは、ボールが南半球(1)か北半球(0)の何れか一方の姿勢しかとることができません。そのため2つのボール(2ビット)を組み合わせて表現できるのは、「00」、「01」、「10」、「11」の4つの状態(値)だけです。

一方、量子コンピュータでは、2つのボール(2キュービット)が相互に影響を与えながら全方位360度にわたり好きな姿勢を同時にいくつも取ることができます。この方式の場合、2キュービットだけでも、膨大な状態(値)の組合せが可能なことがわかります。ちなみに、グーグルが開発した量子コンピュータは53キュービットと言われています。

心は量子コンピュータ

他方、脳内の神経細胞同士も同じように「量子接続」されていると主張する科学者が複数います。代表的な2つの説を紹介します。

1つの説は、「神経細胞内にある微小管を構成するチューブリンタンパク質が量子的に振る舞い、キュービットに近い状態をつくる」というものです。なお、チューブリンタンパク質は、実際に〝伸びた状態〟と〝縮んだ状態〟の２種類の形を同時に取れることがわかっています。

もう1つの説は、「神経細胞のイオンチャネルの開閉によって脳全体に拡がっている電磁場が変化し、脳の神経細胞同士を量子的に結びつけている」というものです。

他方、こうした説を受け、オックスフォード大学の数学者、ロジャーペンローズは、『人間の心は量子コンピュータ』であると主張しています。

このような側面から見ても、心はとてつもないポテンシャルを有していることがわかります。

ＡＩは人間を超えられるか

今、私たちの社会では、ＡＩが目覚ましい勢いで発展しています。例えば、「車の自動運転技術」や「問合せに自動応答するチャットボット」、「行動履歴から広告やお薦め商品を自動表示する」等々、身の回りの至るところにＡＩ技術が浸透してきました。

今後、この進展は一段とスピードを上げ、２０４５年には人間の知能を超すシンギュラリティ（特異点）が起こると言われています。しかし、利便性が向上する一方で、私たちから多くの仕事を奪うとも予想されています。

私たちは、本当にＡＩに敵わないのでしょうか。人間とＡＩの違いはどこにあるのでしょうか。

確かに、ある部分では叶わないでしょう。

例えば、「あるルールに則って複雑な計算をこなす」、あるいは「膨大なデータの中から確率的な最適解を選ぶ」といった場面では、現在でもすでに人間はＡＩに敵いません。

また、人間は当たり前に行っていますが、現時点ではＡＩが苦手とされている、「新たな概念の構築や既成概念の更新」も、今後できるようになると言われています。

しかし、人間が持つ能力の中で、絶対にＡＩには超えられない力もあります。

ＡＩが絶対に超えられない心の力

それは、「夢見る能力」と「心持ち1つで状況や状態を一瞬で変えられる能力」です。「自分の望みに従って、一瞬である意識を生み出したり、感じ取ったりする」こと、また「一瞬で、状況や状態を変える」ことは、絶対にＡＩには真似できないでしょう。

これは、人間が持つ特有の能力であり、強みでもあります。ちなみに、インターネット上には何十億、何百億台というコンピュータが接続され、巨大ネットワークを形成していますが、未だに意識が生まれる兆しすらありません。

私たちには、「3年後の自分に思いを馳せる」、「誰かの心中に思いを馳せる」、「エジプト旅行に思いを馳せる」、「月や銀河の彼方に思いを馳せる」等々、それこそ光の速度を超えて一瞬でできます。また、それによりワクワクしたり、ウキウキしたり、ドキドキしたり…好きな感情を自由に味わうことができます。

この他、例えば、「仕事の期限が迫っている状況下で、あと3時間しかない」と焦りを感じ始めた次の瞬間に、「まだ3時間もある」と思い直して落ち着きを取り戻すこともできます。

このように、心には、未知の事柄を想像したり、一瞬で考え方を反転する力が備わっています。そして、それをそのまま保持できれば、現実を変えられると科学は言っています。おそらく、この能力をＡＩに持たせることは不可能でしょう。

ここで、第３章で話したことを思い出してください。「エネルギーの大きさは、その状態に留ろうとする力（質量＝慣性＝意志）に比例します」。そして、物質（素粒子）同士は、質量に応じた強さで万有引力により互いを引きつけ合い、真空中ではその影響がより顕著になります。

一方、私たちの周りには、真空（ゼロ・ポイント・フィールド）が溢れています。そして、その真空とのパイプが最も太いのが、私たち人間なのです。

逆もまた真なり

一方、ＡＩは、「失敗するかもしれない」、「やっぱり私には無理だ」、「本当はやりたくなかったのかも知れない」といった途中で創造活動を諦める思考、あるいは「不安」、「怖れ」、「疑い」、「苦しい」、「腹立たしい」「憎らしい」といった創造活動を阻害する感情も持っていません。淡々と、仕事をこなしていきます。

しかし、人間の場合は、様々な思考や感情が心を支配し、それがモンキーマインドを起動することで望みの創造を大きく妨げます。このことを理解し、注意を払わないと、先ほどの強みが、知らず知らずのうちに弱みに転じてしまいます。

ちなみに、最近は、親しみが感じられるように感情表現できるＡＩもあります。これは、感情を表現するプログラムを意図的に実装したものです。逆に言えば、このぐらい簡単に、ほとんどの感情をプログラムで再現できることを意味しています。

それもそのはずです。第４章で紹介したように、私たちの脳内では、過去の記憶に基づき、95％以上も同じ思考や感情を走らせ続けています。しかも、社会意識や常識に基づいて、多くの人が、同じ状況下で、同じような感情を引き起こす傾向があります。

そのため、そのパターンを確認して再現するだけで、多くの場面設定に対応した、感情表現を容易に模倣できます。そういう意味では、モンキーマインドが走り周っているときの私たちは、「完成された最高のＡＩ状態」と言えるのかもしれません。

7　結局「心」とは何か

心に関する振返り

ここまで、様々な角度から、心について話してきました。皆さんの理解を深めるために、再度第２章で紹介した心のモデルを用いて、情報を整理したいと思います。

①「扇風機モデル」では、心がエネルギーの変換器であると説明しました。モーター（心）の状

態によって、引き起こす風（現実）を変えることができます。また、周囲に吹く風を受け取ることもできます。

一方、モータを回すために必要となる電気エネルギーは、コンセント（魂）を介して電源（宇宙）から好きなだけ取り出すことができます。また、周囲から受けた風により発電したエネルギーは、逆に元の電源（宇宙）に還元されていきます。

②「スマホモデル」では、体と心と魂が一体となって機能することを説明しました。スマホ本体（体）と、アプリ（心）とOS（魂）と、それを統合して制御する装置（脳）の何れが欠けても、私たちはアプリを動かすことで得られる体験や利便性を享受することができません。

一方、スマホのアプリと異なり、私たちの「思考アプリ」や「感情アプリ」、「手続アプリ」は、勝手に動き出し、また、相互干渉をすることで、「願望アプリ」が動くことを阻害します。

③「重層モデル」では、心の状態が階層構造を成していることを示唆した上で、マズローの欲求段階説を用いて、心の状態が揺れ動く理由を、脳の構造や感情と関連づけて説明してきました。

心はタイムマシン

他方、人によっては、次のような表現をしたほうがわかりやすいかもしれません。

心は、私たちが「現実」と呼んでいるこの物質世界で、私たちを望む場所へと連れていってくれる「タイムマシン」のようなものです。

その目的地は、脳という「ナビゲーション」にセットされます。目的地が固定されていれば、素早く望む場所に辿り着くことができます。しかし、逆に目的地が頻繁に変わるようであれば、望む場所に到達するまでに長い時間を要します。また、私たちが「過去」と呼んでいる住み慣れた町内をひたすら周回し続けることもできます。

一方、私たちの本質は、「タイムマシン(心)」でも、「ナビゲーション(脳)」でもありません。また、「目的地」でもありません。そこに行くまでの道のり（プロセス）や目的地自体を体験する主体である「自己」が私たちの本質です。

8　豊かな人生を創造する心のあり方

「宇宙の法則」と「神」との関係

本章では、主に宇宙全体に遍在している力や、それが私たちにどのような仕組みで作用するかを見てきました。

この偉大で素晴らしい力は、森羅万象に等しく働いてます。

そういう観点で見ると、宗教的な立場ではこれを「神」と表現し、科学的な立場では「量子」や「宇宙」と表現しているだけで、実態は同じものではないかという気がしてきます。

ただ、同じという立場をとった場合、「神」についてはいささか誤解が多いような気もします。

例えば、「神は、遠いところから私たちを見守っている」、「神に沢山のお願いごとをするのはよくない」、「神は完璧な存在である」、「神は、よい行いや、努力した人だけに報いる」、「神は、悪い行いをする人には罰を与える」等々、何となく思い当たらないでしょうか。

一方、宇宙の法則（エネルギー）については、制限や価値判断がありません。〝あまねく〟働きます。すべての人に均等に働き、いつでも好きなときにその力を使うことができます。また、よい／悪いといった価値判断も一切ありません。

ここでは、あえてわかりやすく、ポジティブ／ネガティブという言葉を使いますが、どちらの思考に対しても同じように力が作用します。

なぜなら、宇宙にとっては、両方ともに必要だからです。電気にプラスとマイナス、磁石にNとSの両方がないと、エネルギーの場が成立しないのと同じです。

同様に、私たちも、うまくいかずに悔しい思いをすれば、「今度は別の方法でチャレンジしてみたい」と思うし、気持ちが晴れなければ、「何とか対処したい」と思います。

本質的な意味では、成功や失敗はなく、よい悪いもありません。相対すると感じるものがあるから、様々な思考や体験が生まれます。そして宇宙は、私たちが望むどんな体験でもできるように、「自由意志」というエネルギー場を提供してくれています。

不安や憂鬱、怒りや憎しみ、批判や疑いを体験したければ、それを体験できるし、富や優雅さ、平安や喜び、調和や幸福を体験したければ、同様にそれを体験できます。

すべてのエネルギーが折り畳まれるようにして私たちの周囲に遍在しています。そして、どれを利用するかは、他の誰でもなく、私たちの選択にかかっています。

果実栽培と自己継承

最後に、果実栽培に例えて「継承」という観点で、心の役割りについてまとめておきます。

私たちの人生は、望みの実現を通し、体験という様々な果実を実らせていくようなものです。その体験の中には、以前の人生で成し遂げられずに「ライフレビュー」の中で自分自身に再挑戦を誓ったものもあるかもしれません。また、この人生の中で実らせた果実を、「次はもっとこうしてみよう」と改良を試みているものもあるでしょう。一方、それを体現する手段として、体や心が与えられています。

ここで、「土地」が〝体〟、「土壌」が〝心〟、「農夫の仕事」が〝脳と体〟、「種」が〝魂〟という対応づけをした上で、もう少し具体的にイメージができるように話をします。

土地（体）は、ある国のある地域の土地です。それぞれ気候や降水量も異なります。また、広さや傾斜、方位や日照時間といった環境の違いもあります。

他方、土地の上には、適切な養分や水分を保持した土壌（心）がなければ果実は育ちません。また、土目を整え、畝を立てる必要もあります。加えて、根や葉に十分な養分や光が注ぎ込まれるように雑草を抜いたり、周囲の木々の枝を剪定したりしないといけないかもしれません。それでも作物がうまく育たないときは、さらに土を耕したり、別の肥料を加えたり、微生物の働きを促したり、といった工夫も必要となるでしょう。

このように土壌が適切な状態になるように、創意工夫をしたり、実際に作業をしたりするのは、農夫の仕事（脳と体）になります。そうして実際に得られた〝土壌〟の総合的な状態や生育環境が、私たちの「心」に相当します。

一方、私たちの本質は、間違いなく作物の〝種〟に相当する「魂」となります。種には、自身を複製するための情報や、どんな環境で育ったか、その他諸々の成長過程はどうだったかなど、すべての情報が記録されています。多くの体験を積めば積むほど、種の多様性が増して、新たな品種になる可能性が高まります。また、どんな環境でも育つ強靭さも兼ね備えていきます。そうして、次の世代、次の人生へと受け継がれていきます。

なお、「果実の栽培」と１つだけ大きく異なる点は、人間の場合は心のど真ん中に望みをセットし保持するだけで、そのために必要な土壌が自然と創られていくことです。

最期に後悔しないために

一方、魂（種）に保存されている情報に基づいて、「ライフレビュー」を行い、その中で自分自身に課した約束や魂の進化を続けるために、私たちは最も自分に適した環境を選んで、再びこの世界に戻ってきています。

ここで注意が必要です。私たちは、一旦根を下ろすと、以前の慣れ親しんだ環境に近い環境の快適さに甘んじ、繰返し同じ果実を実らせ続けるだけで、変化しないという状態に陥ってしまう危険性があります。

この場合、人生の多くを以前の心の傾向性（クセ）や感情に従って生きているだけで、新たな体験がないので魂はほとんど成長しないことになります。これで、本当に望んだ人生を生きたことになるでしょうか。

宇宙は、私たちに一切の価値判断を下さず、自由意志を与えています。そして、とてつもない寛容さを持ち合わせています。しかし、私たちに対し切望していることが、1つだけあります。

それは、「人生という遊び場で、新たな体験を積み重ねて、叡智を拡大せよ」ということです。

ここで、私たち自身も宇宙から分岐した宇宙の一部であったことを思い出してください。

宇宙は、誕生から138億年経った今でも成長と拡大を続けています。その原動力となっているのが、私たちの体験とそれによって得られた叡智です。だからこそ、「成長する機会に制約を与えることになる完璧さ」を私たちに求めていません。何の価値判断もせずに、自由意志を与えているのです。それを「宇宙の愛」、あるいは「神の愛」と呼んだりもします。

念のためですが、だからと言って悪いことをしてもいいと言っているのではありません。自分が心の底から望む体験にどんどんチャレンジすればよいのです。

失うものなど何もありません。いずれにしても、魂の旅は永遠に続くのですから。

第8章

現実を加速する〝心〟のトレーニング（付録）

1　望みの実現を早めるトレーニングの全体像

「アクティブ・マインドフルネス」の全体像

ここまで見てきたように、望みの実現を早めるために必要なことは、大きく2つあります。1つ目が「望みに対するフォーカス」、2つ目が「モンキーマインドの征服」です。なお、実際は、2つというより、両方がセットとなります。

フォーカスが高まれば、自ずとモンキーマインドは静かになります。逆に、モンキーマインド、すなわち揺れ動く自己を征服しない限り、絶対にフォーカス力は高まりません。

これらを踏まえて、具体的にどのようなことをすればよいかについてまとめたものが図表11となります。

なお、後で紹介する一般的なフォーカス訓練の場合、呼吸や身体感覚、または、既に存在している対象物にフォーカスします。これに対し、本トレーニングでは「自分の望みに対して積極的にフォーカスし、この望みを現実化すること」を最終目的としているため、これを「アクティブ・マインドフルネス」と名づけています。

簡単に言えば「観る」、「定める」、「留まる」技術を高める心の総合トレーニングです。基本的に、図11の下部の点線で囲んだ［心トレ3］と［心トレ5］は、毎日最低1回実施しますが、その他の

【図表 11　アクティブ・マインドフルネスの全体像】

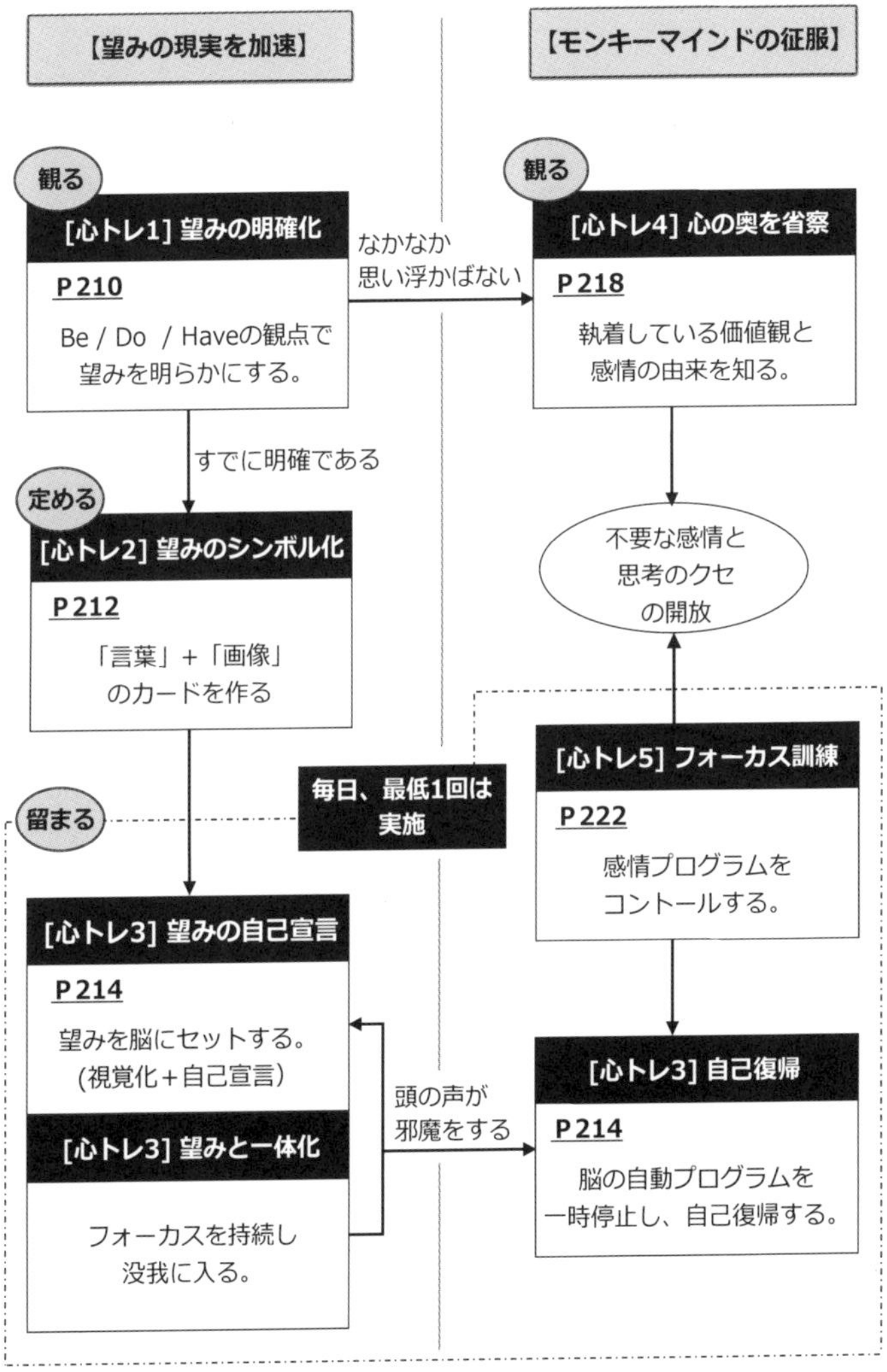

トレーニングは、必要に応じて行います。
それでは、各トレーニングの詳細について、1つずつ説明していきます。

2 ［心トレ1］望みの明確化（望み観る）

望みの明確化

ドラえもんが目の前に来て、

「君の望みを言ってごらん。何でも実現してあげるから」と言われたら、皆さんは何と答えるでしょうか。

この質問に、「○○が欲しい」、「○○をやって見たい」、「○○になりたい」と直ぐにキッパリと答えられた方は、次のステップ［心トレ2］に進んでもらってもかまいません。

一方、何も望みが思い浮かばない、あるいは思い浮かんだけれど、すぐに頭の中で「この望みは私に相応しくない」、「私にはそれを手にする資格なんてない」、「そんなこと言ったってどうせ無理だ、できっこないよ」、「こんなことを望んだら、何て思われるだろう」といった否定や価値判断を示すような声が聞こえたという方は、まずは、次の点を意識しながら自分の願望を明らかにしてみましょう。

思い浮かんできた願望は、ノートや付箋に必ず書き出してください。それにより自分の望みを明確かつ客観的に観察できるようになります。また、手を動かすことで脳が刺激され、願望が見つけやすくなる効果も期待できます。

【願望を明らかにする視点】

① どんな些細なことでもかまいません。反対にどんな壮大なことでもＯＫです。
② なかなか思い浮かばない場合は、「Be：ありたい状態/Do：やりたいこと/Have：欲しいもの」の視点で考えてみましょう。
③ 「よい／悪い」といった価値判断や、「できる／できない」といった疑い、どうやって実現するかについては一切考えずに、子供のように軽やかな気持ちで考えてみましょう。
④ まずは質より量を重視し、予め決めた時間内にできるだけ多く書き出しましょう。

ディープニーズの選択

いくつか願望を書き出したら、特定の願望にフォーカスしやすくするため、この中から3個を選びます。なお、多くても5個までとします。ちなみに、他の願望も手放すわけではありませんから安心してください。

ここで選択する望みは、直感で決めてもかまいませんが、なかなか決められないようであれば、図表12を用いて、書き出した願望をいったんグループ分けしてみてください。

【図表12　望みのレベル】

望みのレベル		Be（ありたい状態）	Do（やりたいこと）	Have（欲しいモノ）
Aリスト（熱望）	今の自分にとって最も重要だと思えるもの			
Bリスト（願望）	今の自分にとって重要だが、決断前にもう少し考えたいもの			
Cリスト（欲求）	実現できれば嬉しいけど、AやBほどは情熱を感じないもの			

図表12の最上段のAリストは、「今の自分にとって最も重要で、何としても実現したい！」と思えるような「熱望」レベルの望み。

中段のBリストは、「実現したいけど、決断前にもう少し考えたい」と思うような「願望」レベルの望み。

最後のCリストは、「実現できたら嬉しいけど、まだ熱望や願望と言えるほど強くない」という「欲求」レベルの望みです。

グループ分けが終わったら、上のほうから3個を選択します。なお、多くても5個までとしてください。

3 ［心トレ2］望みのシンボル化（定める）

文章の作成

望みが定まったら、それを脳の潜在意識にセットするために、「シンボル化」を行います。

まず、最初に「文書化」を行います。このときの文書は、次のように「すでに達成している」、あるいは、「すでに達成した」

というように現在形、または過去形で表現します。

【文書化の例】

・私は、すでに○○である。／私は、すでに○○であった。(Be)
・私は、すでに○○を体験している。／私は、すでに○○を体験した。(Do)
・私は、すでに○○を持っている。／私は、すでに○○を持っていた。(Have)

シンボルカードの作成

文章ができたら、シンボルカードをつくります。A４～A５サイズ程度の大きさの紙を用意して、先ほど選択した望みを象徴するような絵を描きます。もし、絵が苦手だという方は、イメージ画像や写真、シンボル等をインターネットや雑誌等から見つけて、貼り付けても構いません。

ちなみに、手に入れたいモノ（Have）や、やってみたいこと（Do）については、イメージに合う画像を比較的設定しやすいと思いますが、なりたい状態（Be）については、少し難しいかもしれません。

思い浮かばない場合は、すでにそれを達成している人の画像や達成したときに自分が感じるであろう感情を象徴するような画像を選ぶとよいでしょう。なお、適当な画像が設定できなければ色彩だけで表現しても構いません。

次に、シンボルカードの空いてるスペースに、先に考えた文章を書き込みます。もしくは、その文章を象徴するような単語や漢字を書き込みます。なお、イメージに合う画像が見つけられなかったという方は、文字だけでカードをつくっても構いません。

シンボルカードのつくり方の説明は、ここまでとなりますが、このカードをつくるときに最も大切なことは、子供のように軽やかな気持ちでワクワクしながらつくることです。

4 ［心トレ3］望みの自己宣言・自己復帰（留まる）

望みの視覚化

先ほどの「シンボルカード」を1枚手に取って、まずはじっくり眺めてみてください。それから、目を瞑ってシンボルカードを視覚化します。

どうですか、目を瞑ってもシンボルカードの映像がしっかりと心に浮かんでいますか。

「うまくできない」という方は、好きな食べ物を同じように目を瞑ってイメージしてみてください。そう、そこです。

それと同じ場所にカードの画像を保持します。人によっても多少異なりますが、「おでこ」のあたりに映像を思い浮かべるようにすると、イメージがしやすいと思います。

画像を思い浮かべることができたら、次に自分自身に宣言するつもりで、次のように文書を読み上げます。

「〝私は〟〝すでに〟〝○○である〟」／「〝私は〟〝すでに〟〝○○であった〟」。このとき、文章をいくつかに区切って、1文（〝…〟）ずつしっかりと視覚化しながら、声に出して宣言します。

なお、音もエネルギーなので、できるだけ声に出して行うほうが効果は高くなります。もし、状況的に発声が難しい場合は、文字を視覚化しながら心の中でしっかりと呟いてください。

ここで思い出してください。第5章で話したように、脳にとっては、頭の中でイメージしていることと、外の世界で起きていることの区別はありません。双方ともに等しく現実です。

なお、このカードを視覚化する行為は、「第1の創造」に相当し、量子力学でいう「観察者効果」と同じ効果を生み出します。そして、必ず「第2の創造」、つまり外側の世界に「同様の現実」が形づくられるような変化が生じてきます。

モンキーマインドからの自己復帰

1枚のカードについて、この「視覚化 ＋ 自己宣言」を完全にフォーカスした没我状態で最低3回繰り返します。もちろん、納得できるまで何度やっても構いません。

実際にやってみると気づくのは、直ぐに何らかの声が頭の中から聞こえてきて、完全に集中することが難しいことです。

例えば、「これが終わったら、○○をやらなきゃ」、「お腹空いたなぁ」、「きょうは暑いなぁ」、「本当に自分はコレを望んでいるのだろうか」、「こんなことやって意味あるのかなぁ」等々。これらの声は、すべて皆さんの頭の中で好き勝手に走り周る自動プログラム、すなわち〝モンキーマインド〟です。

ここで重要なのは、この声が聞こえたら、直ぐに宣言するのを一旦止め、この自動プログラムを停止します。また、この行為を意識的に行うために予め決めておいたポーズを取ります。

例えば、「太ももを軽くポンポンと叩く」、「頬に手を触れる」、「親指を軽く立てる」…等々、自分のやりやすいポーズで構いません。このとき大事なのは、ポーズに合わせて〝自己復帰〟と声に出して宣言することです。もし、状況的に難しい場合は、心の中で呟きながら、そのポーズを意識的にとります。

ちなみに、このポーズと発声を意識的に行う理由は、願望を阻害する脳の不要なプログラムをより効果的に修正するためです。

他方、最初のうちは、シンボルカードの視覚化やフォーカスが上手くできないかもしれませんが、続けていくと次第にできるようになってきます。

なお、「新工場の予想完成図」や「商品の予想完成図」を、社員の目につきやすい位置に掲示している会社をたまに見かけますが、同様にシンボルカードを部屋の見えやすい位置に貼ったり、スマホの待受け画面に設定したりして、そのイメージに触れる機会をできるだけ増やすことで、視覚化の効果が一段と高まります。

どうしても〝疑い〟が拭えない場合

自己宣言している望みがあまりにも大きく、自分の受容範囲を超えている場合、心の底では望みの実現に対する〝疑い〟が生じてきます。そのため、モンキーマインドが走りやすくなり、フォーカスを持続することが難しくなります。

その場合の対処として、いったん望みを中間願望に置き換えるという方法があります。

具体的には、まずその望みが実現できない理由を隈なく挙げていきます。例えば、「1年後に海外に進出する」という望みを設定した場合を考えてみましょう。

これに対し、実現できない言い訳を遠慮なく吐き出していきます。「1年で必要資金を調達できそうもない」、「計画策定や準備のための時間が取れそうにない」、「英語を話せる人材がいない」、「治安や文化的な違いに対処できないかもしれない」、「現地の人材をうまく採用できないかもしれない」等々。

隈なく出し切ったところで、今度はそれを反転させていきます。「1年以内に必要資金を調達している」、「周囲の協力を得て計画策定や具体的な準備が進行している」、「英語を話せる人材がいる」……。

こうして、挙げたものの中から、これなら実現できそうだと思える中間願望にいったんシンボルカードを設定し直します。

望みが自分の受容範囲に入ってくると、フォーカスできる時間やフォーカスの度合が明らかに変わってくることが体験できるハズです。

5 ［心トレ4］心の奥を省察する（省り観る）

マイナス感情は絶好のチャンス

「自分の望みがなかなか見出せない」、あるいは「長い間願っているのにちっとも叶わない」という場合は、1度自分の内側を観察してみるとよいでしょう。

時間が取れるようであれば、全国各地にある「内観道場」を利用してみるとよいですが、標準プログラムを行うのに1週間ほど必要となります。

おそらく直ぐには難しいという方が多いと思いますので、ここでは、どこでもできる効果的な方法を1つご紹介します。

これは、Nami Barden 氏※と河合 克仁氏が著書『世界中の億万長者がたどりつく「心」の授業』の中で紹介している方法で、簡単に言えば、マイナス感情に着目して、自分が執着している「価値観」や「理想の自己イメージ（虚像自己）」を見つけ、手放すという手法です。

まず、最近「イラッ」「ムカッ」「カッチン」「グサッ」といった、マイナスの感情を抱いた場面を1つ思い浮かべます。そして、そのときにどんな思いや考えが自分の内側で起きていたか、詳細に振り返りながら1つずつ書き出していきます。

例えば、部下の失敗の報告を受けてフォローすることになった場面であれば、こんな感じです。

「何で、こんな簡単なところでミスしてんだ」、「何で、俺が責任を負わなきゃならないんだ」、「お前、俺がフォローするの当たり前だと思ってないか」、「俺が、いつも苦労してお前のリカバリーしてるのわかってるのか」、「俺には、もっと大切な仕事があるんだから、時間をムダにさせるなよ」といった具合に、最低15個を目標に書き出します。

おそらく最初の８個～10個程度までは比較的容易に書き出せると思いますが、その先はなかなか思い浮かばないかもしれません。しかし、むしろそこから先が大事なので、自分の内側の奥深くに入って行って絞り出してみてください。一方、すぐに15個を書き出せたという場合は、さらにそこから５個程度を目標に挙げてみてください。

なお、書き出すときに、できるだけそのときの感情を実際に込めながら「声に出す」、それが難しければ「心の中で呟く」ことをしてみてください。当時の感情を再体験しやすくなるため、深い内観が行えます。また、その結果、リストアップがしやすくなります。

執着している価値観を探る

書き出し終えたら、１つひとつの言葉を眺めてみます。おそらく、相手に対する非難、あるいは自分を正当化する言葉が多いのではないでしょうか。

なぜなら、マイナス感情を抱く場面では、自分の価値観に反したことが起きていたり、あるいは価値観の受容範囲を超えていたりする場合が多いからです。

そこで、次に、これらの言葉に通底する、どんな価値観や理想の自己イメージ（虚像自己）を持っているのかを探っていきます。

例えば、「私は有能で、皆から敬われたり、注目されたりする存在である」、「私は、常に最善を尽くし、人の役に立たなければならない」、「私は、完璧で、それがなくなれば、人に受け入れてもらえない」、「常に自分の地位や立場に見合った行動や選択をしなければならない」、「他の人の役に立てない人間は、幸せになる資格はない」、「私は、他の人に負けるわけにはいかない」等々、できるだけピッタリくる言葉を探していきます。

鎧が剥がれる瞬間

最もピッタリくる価値観が見つかったときは、まさに重たい鎧が剥がれ落ちるような感覚があります。なぜなら、これまで自分でも気づいていなかった潜在意識の奥深くにある価値観や虚像自己に気づくからです。

それは、信念や真の自己像といった類のものではなく、そのほとんどが小さい頃の身近な人との関りや出来事から生まれた価値観、言わばプログラムです。また、その多くが、「生き延びる」、「勝つ」、「損をしない」、「より多くを獲得する」といった、生存本能と強く結びついており、自我が自分を守るために役立ってきたものばかりです。しかし、今となって客観的に見れば、どうでもよいと思える事柄が案外多いものです。

一方、もし、突然何かが開けたような感覚がなければ、書き出した言葉をもう1度「声に出して」読み返してみます。

あるいは、もう1度自分の内側で起きていたことを振り返りながら、言葉を書き足してみてください。そして、通底する価値観について再考します。

ちなみに、少し表現を変えるだけでシックリくる場合もありますし、最初に挙げた価値観とは全く異なる表現が浮かんでくる場合もあります。

もし、何度考えても多少の違和感が残るようであれば、現時点で最有力だと思われる価値観を仮設定しておきます。

内観は技術！　繰り返すことで磨かれる

この内観は、ある種の訓練のようなものなので、繰り返す度に上手になっていきます。そのため、機会を見てはマイナス感情を抱いたときに内観してみるとよいでしょう。繰り返すことで、知らず知らずのうちに自分を支配していた価値観が必ず見つかります。

なお、「カッチン」、「グサッ」のように異なる感情でも通底する価値観が同じだったり、逆に同類の感情でも異なる価値観により引き起こされたりしている場合もあります。そのため、やはり繰り返し内観をしていくことが重要です。

他方、感情を支配している価値観を見つけたら、第4章で紹介したような、その価値観を代替するわかりやすい名前をつけておきます。そうすることで、同じような感情が湧いてきた場面で、その背後で自分のどんな価値観が発動しているのかに気づきやすくなります。そして、また客観的にその感情を味わい、手放すことができるようになっていきます。

こうして、自身を支配してきた価値観（プログラム）の発動に気づいて手放していくと、自己の内側との繋がりが段々と強くなっていくので、本当の望みが見えやすくなってきます。

6 ［心トレ5］フォーカス力を高める（留まる）

「今ここ」に意識を集中する

普段、私たちの脳は、過去や未来のことに50％以上意識を傾けていると言われています。また、周囲で起きることにも絶えず注意を払っています。通常の生活の中で、こうした脳の活動を意識する場面は少ないでしょうが、何かに集中することで、途端に背後の会話が聞こえ始めます。

実際に少しだけやってみましょう。

周囲を見渡して、意識を集中する対象を何か1つ決めます。例えば、「掲示物や絵の1点」、「部屋のスイッチや壁の模様の1点」、「花瓶や置物の1点」など、あまり拘らなくて大丈夫です。

なお、首が疲れないように、無理なく視界に入る高さの対象物を選ぶとよいでしょう。また、時計などの動くものや、人や動物などの絵や写真は、気が散りやすいので対象から外します。

対象を決めたら、その1点に全意識を集中します。

「何も考えない」、「遠くにも行かない」、ただ今、その1点に意識を集中し続けます。

次々と押し寄せるモンキーマインド

こうして意識を集中し続けていると、いつしか、「こんなことやって意味があるんだろうか」、「これが終わったら、あれをやらなきゃ」、「誰かに見られていないかな」といった何らかの思いや考え。あるいは「イライラ」、「不安」、「切迫感」といった何らかの感情。または、「目が痛い」、「背中が痒い」、「何となく寒い」といった何らかの身体感覚、そういった何かしらのものが次々と押し寄せて来ます。

そして、それに気づくと、今度は、「対象に選んだものがよくない。本来ならもっとうまくできるハズだ」といった自己弁護や、「また、集中がズレてしまった」といった後悔、あるいは「何で、こんな簡単なこともできないんだ」という自己嫌悪や罪悪感など、集中できないことに付随した様々な思考や感情が生じてきます。

こうして思考や感情のループがグルグル回り始めます。でも安心してください。これは、ある意味当たり前の状態です。逆に言えば、このような性質があるからこそ、生命を維持し社会の中で生きていけるのです。

ただ、今は、生命を脅かされるような危険な場所にはいないハズです。また、周囲に絶えず注意を払わないといけないような状況でもないハズです。安心して集中できる環境にいるのにもかかわらず、一向に集中できません。それでは、どのように対処すればよいのでしょうか。

やり過ごす技術を身につける

モンキーマインドは、ある種の本能のようなものなので、「何とか抑え込もう」と思ってもきわめて困難です。どちらかというと、ある対象へのフォーカスの高まりとともに、モンキーマインドが次第に大人しくなっていきます。何とかモンキーマインドを抑え込もうとすると反って騒がしくなるため、無理に奮闘しようとせずに「うまくやり過ごす技術」を身につけます。

このイメージについて、マインドフルネスを学んだときに、こんなたとえを聞いたことがあります。「今、あなたは駅のホームにある1つの柱です。目の前には、猿が満員に乗った電車が次々にやってきては通り過ぎていきます。あなたは、次第に猿のことが気になり出し、そのうち特定の猿を追いかけて電車に乗り込んでしまいます。しかし、本来のあなたは、ホームの柱です。猿を追いたくなる衝動を抑えて、そのまま電車をやり過ごします」。

同様のことについて、アメリカに禅を広めたことで知られる鈴木 俊隆氏は、『坐禅では、表戸も裏戸も開けたままで、様々な思いや・考えがやって来ては去っていくままにしておきなさい。ただ、お茶を出さないように』と語っています。

一方、意識が他に逸れたことに気づいて元に戻すときに大切なことは、「それは、それとして」の姿勢です。決して自分を責めたり、言い訳したりせずに、フォーカスしている対象に〝優しく〟

意識を戻します。10回逸れても、30回逸れても、たとえ100回逸れたとしても、「それは、それとして」、ただ淡々と意識を元に戻し続けます。

日々のフォーカス訓練

こうした訓練を愚直に続けていくと、何か他の思考や感情が浮かんできても、「それは、それとして」うまくやり過ごす技術、あるいは優しく意識を元の対象に戻す技術が、日に日に上達してきます。また、意識が他の対象に逸れたことに気づくまでの時間が早くなっていきます。併せて、特定の対象にフォーカスを向け続けられる時間も長くなり、フォーカスの度合いも次第に高まっていきます。

そこで、フォーカス力を高めるための日々の訓練として、おすすめの方法をいくつかご紹介します。

まず、いずれの方法も、基本的には「楽な服装」、「邪魔が入らない静かな時間と場所」、「適度な温度設定」といった環境を準備し、胡坐《あぐら》で座ります。このとき、楽な姿勢で座れるように、座布団を2つ折りするなど適度な高さのものをお尻の下に入れて、中央より少し前寄りの位置に、背筋をまっすぐに立てて坐ります。理想はお尻と両膝の3点で上半身が自然に支えられている状態です。

なお、リラックスした状態で特定の対象に意識を集中し続けることが大事なので、胡坐だと苦痛を感じるという方は、正坐、イスに座る、あるいは立ったままの姿勢でも大丈夫です。

そして、誰もが持つ尊厳とともに、今ここ、この瞬間に留まり、①「呼吸」、②「視線の先の1点」、あるいは③「キャンドル」のいずれかの対象にフォーカスします。

フォーカスする各対象の特徴

①「呼吸」へのフォーカスは、「マインドフルネス」、「ヨガ」、「内観」などで、広く用いられている方法です。

吸う息の初めから終わりまで、吐く息の初めから終わりまで、集中して呼吸を観察し続けます。そして、意識が逸れたことに気づいたときは、「それは、それとして」優しく呼吸に注意を戻します。

次第にフォーカスが深まってくると、身体の内側に入って、まるで呼吸そのものになっているという感覚になってきます。

呼吸のよい点は、特別な道具を必要としないため、いつでも好きな場所で実施できることです。短時間であれば、移動中の電車や職場などでも可能です。軽く目を瞑ってやれば、回りの人からは考えごとをしているように見えますので、周囲をあまり気にすることなく行えます。

また、仕事や学習の途中で集中力が途切れてきたと感じたときに、数呼吸だけでも呼吸に意識をフォーカスすると、集中力を回復できます。

②「視線の先の1点」へのフォーカスは、「坐禅」で用いられている方法です。座禅には、「調身・調息・調心」という考えがあります。身（姿勢）が整うと、息（呼吸）が整って、そして心が整う

という意味です。

そのため、まずは真っ直ぐに坐り、暫くの間は、先ほどと同じように呼吸に意識を向けます。それから呼吸が少し落ち着いてきたところで、１・５ｍ～２ｍ先の床面の1点に対象を定め、そこにフォーカスし続けます。正式な坐禅では、このとき菩薩様のように目を半眼にしますが、開けていても構いません。

この視界のある1点にフォーカスする訓練をしておくと、移動中や職場など様々な場所でも何か適当な対象物を選んで、ちょっとした空き時間にフォーカス力を高める訓練ができるようになります。

ちなみに、坐禅の〝坐〟という字をよく見ると、2人の人が土の上にいることに気づきます。これは、「本質自己」と「虚像自己」の2つの自己を静かに対峙させ、本質自己に省える姿を文字に表わしているのではないかと私は考えています。
③「キャンドル」へのフォーカスは、一部の坐禅や瞑想などのワークショップで用いられている手法で、書籍「奇才ヘンリー・シュガーの物語」の中でも、その詳細方法が紹介されています。
キャンドルの炎の中の1点を決めて、先ほどと同様に全意識をそこに集中します。キャンドルの炎には、人の心臓や自然界のリズムと同じ1／fゆらぎ効果があると言われています。実際に試してみるとわかると思いますが、リラックスしながら、かなり深いフォーカスに入ることができます。

なお、どうしても火を使うのが難しいという場合は、動画サイトにも「キャンドルフォーカス」

用の動画がいくつかアップされていますので、利用してみるとよいでしょう。

以上のように、フォーカスする対象によって若干の違いがありますが、実際に試してみて、自分にあった方法を選んでみてください。もちろん、状況に応じて使い分けても構いません。

なお、トレーニングの時間については、初めは3分でも5分でも構いません。とにかく続けることで、まずは「モンキーマインド」に直ぐに気づく、また「それはそれとして、優しくフォーカスしている対象に注意を戻す力」をつけることが重要です。慣れてきたら、次第に時間を伸ばしていくとよいでしょう。ちなみに、マインドフルネスでは45分を1回の基本時間としています。

体の訴えに対処する

いずれのフォーカストレーニングでも、慣れてくると、思考や感情に基づいて走り出していた「モンキーマインド」が、次第に静かになっていきます。

一方で、今度は体が様々な訴えを起こしてくることがよくあります。

例えば、「足のしびれ」、「首や腰の痛み」、「背中や腕の痒み」、「眠気」などです。思考や感情と異なり、これらの身体感覚は、簡単にやり過ごすことが難しい場合が多々あります。

そういうときは、いくつかの対処法があります。1つ目は「動かす」、2つ目は「転じる」、3つ目は「向き合う」という方法です。

最初の「動かす」対処方法は、その身体感覚を覚えたときに直ぐに無造作に対処するのではく、意識的に対処します。例えば、「意識的に足を少し伸ばす」、「意識的に少し体を左右に動かす」、「意識的にその部分を掻く」など、細心の注意を払いながら対処行動を取ることで、その前／後の身体感覚の変化もしっかりと感じ取ります。

次の「転じる」対処方法は、注意を向ける対象を少しの間だけ他のものに移します。例えば、「呼吸に伴い膨らんだり、へこんだりするお腹の感覚」、「体の特定の部位」、「別の対象物」など、注意を別のものに逸らすことで、身体感覚が気にならなくなることがあります。そうして落ち着いてきたら、また元の対象にフォーカスを戻します。

最後の「向き合う」対処方法は、逆にその身体感覚を注意深く観察します。具体的には、「身体のどの部分か」、「どんな痛みや痒みの種類か」、「それは変化しているか一定か」など、よく観察することで、いつの間にか気にならなくなることがあります。

最後の最後は強い意志

適切に対処しながらトレーニングを重ねていくことで、確実にフォーカスする力が高まっていきます。

一方で、「モンキーマインド」の質も次第に変わり、対処が難しく感じられる場面も出てきます。なぜなら、プログラムされた思考や感情の層は、まるで玉ねぎの皮のように幾重にも幾重にも重なっているからです。

表の皮の感情プログラムをコントロールできるようになったら、その下層のプログラムが頭角を現してきます。それを征服したら、また下の層へと続いていきます。これらの感情は、すべて過去のものです。だからこそ「今に留まろうとする」と、何らかのかたちで妨害してきます。

もし、ここまで話してきた方法で、押し寄せて来る思考や感情、感覚に対処できない場合には、次の2つの方法が効果的です。

1つ目は、先ほど紹介した［心トレ4］で心の奥を省察しながら、執着している過去の理想像と価値観を探り、手放していく方法です。

2つ目は、強い意志をもって、「黙れ！　お前の好き勝手にはさせない」という言葉を、心の中で自分自身に命じる方法です。

こうして「モンキーマインド」を次第に征服していくことで、フォーカスする対象と心が一体になれる感覚が増し、また時間も次第に伸びていきます。もちろん、「シンボルカード」に対するフォーカス力も高まっていきます。

そして、何よりも、皆さんの願望の実現が加速してくることになります。

7　最後に「純粋な望みの力」

予想外の返答「そんなの簡単よ。願えばいいのよ」

最後に、私の体験談を1つご紹介して、本書を締めくくることにします。

あと5日で新年を迎えるという年の瀬も押し迫った時期に、私は自分の内側を見つめるためのあるワークショップに参加しました。開始10分前に何とか会場に到着した私は、サチさんという年配の女性の隣に空いている席を見つけて座りました。

サチさんと話をすると、年金暮らしで、かなり切り詰めた生活をしていることがわかりました。そんな生活を送りながらも、「セミナーに来るなんてスゴイなぁ」と関心していると、何でも今年だけで10回も海外に行ったというからさらに驚きです。思わず、『えっ、サチさん。生活大変なんですよね。何で、そんなに海外に行けるんですか。お金はどうしているですか』と聞いてしまいました。

すると、逆にサチさんは、「何でそんな質問をするの」といった怪訝そうな顔をしながら、『そんなの簡単よ。願えばいいのよ』とアッサリと答えました。それを聞いた瞬間、なぜか私は妙に腹落ちしてしまいました。

聞くところによると、まずは「行きたい！」という気持ちが自然と湧いてきて、次の瞬間に「行ける！」と確信するそうです。しかも、どうやってお金を工面したり、日程を調整するかといったことは、一切心配にならないそうです。行くと決めたから必ず行ける、必ず行けることを確信する状態に自然となるそうです。そうすると、あるときは、昔貸したお金をが突然戻ってきたり、あるときはロトが当たったりして、旅行に行くのに必要な費用に若干の余裕を加えたお金が手元に入ってくるそうです。また、予定も自然と整うそうです。

私からすると、不思議なことですが、サチさんからすると「不思議と思うことが逆に不自然」で、至極当たり前のことのようです。「自分が願ったことは必ず叶う」ということに対し、1点の疑いも曇りもないサチさんの言葉は、私の中に自然と染みわたっていき、「そうか、願えばいいんだぁ」と妙に納得してしまいました。

何の疑いもなく「確信している状態」

考えてみれば、サッカーの本田選手、野球のイチロー選手や大谷選手にしても、10歳前後のときにはすでに一流のプロ選手になって活躍することを決めて、実際に実現しています。少年期に書いた作文やインタビューを見ても、そこに「実現を疑う」ような思考は微塵も感じられず、サチさんと同じように、「実現できることを、ただ確信している」状態しか持ち合わせていないように見受けられます。

例えば、本田選手は、小学校の卒業文集の冒頭で次のように書いています。

『ぼくは大人になったら世界一のサッカー選手になりたいと言うよりなる。○○世界一になるには世界一練習しないとダメだ。○○だから今ぼくはガンバっている。○○今はヘタだけれどガンバって必ず世界一になる。○○そして世界一になったら大金持ちになって親孝行する。○○Wカップで有名になってぼくは外国から呼ばれてヨーロッパのセリエAに入団します。○○そしてレギュラーになって10番で活躍します。（略）』。

また、同様にイチロー選手も小学校の卒業文集で次のように書いています。

『ぼくの夢は、一流のプロ野球選手になることです。そのためには、中学、高校でも全国大会へ出て、活躍しなければなりません。　活躍できるようになるには、練習が必要です。ぼくは、その練習にはじしんがあります。ぼくは3才の時から練習を始めています。（中略）そして、ぼくが一流の選手になって試合にでれるようになったら、お世話になった人に招待券をくばって、おうえんしてもらうのも1つです。　とにかく一番大きな夢は、プロ野球選手になることです』。

他方、今や世界一の精密小型モーターメーカーになった、日本電産の創業者永守 重信氏も、小学生の頃に金持ちの友達の家に行き、初めてチーズケーキやステーキを食べたときに「こんな美味しいものが世の中にあるのか」と大感動し、その友達の父親の職業が社長だと聞いて、社長を志したと言います。そして、１９７３年の創業当時につくった50年計画で、「売上高１兆円を目指す」と宣言し、２０１５年にはそれを達成しました。そして、今や２０３０年には10兆円を目指すと宣言しています。

10兆円といえば、日産自動車や日立製作所と同規模の売上です。このため、周囲からは〝大ぼら吹き〟と度々揶揄されることもあるようですが、本人はいたって真面目です。ただ、できることを〝確信している〟のです。

本当に現実化した！

サチさんの話を聞いてるうちに、「来年はこのぐらいの年商が欲しい」という思いがどこからともなく湧いてきました。それは、今年の2倍以上に相当する売上で、その時点では全く見通しはありませんでした。それでも、なぜだか大丈夫だ、絶対に実現できると確信しました。夜帰宅してから、銀行の通帳を取り出すと、その金額をボールペンで書き込みました。

その後、そのことをすっかり忘れたたまま、銀行の窓口でその通帳を出したときに、相当恥ずかしい思いをしたこともさることながら、年が明けると、当時は想像すらできなかったような仕事や出会いが次々と生じて、年の暮れには書き込んだ年商を実現することができました。

繰返しになりますが、自分の望みを明らかにするときに重要な点は、「こんな高望みをしてはいけないのではないか」、「やってみたいけど私には到底できっこない」、「よい／悪い」等の価値判断や分析を一切しないことです。

のび太君は、ドラえもんが望みを叶えてくれることに微塵の疑いもありません。ただ純粋に、お願いします。そして、サチさんもまた、自分の思いが実現することに一切の疑いがありません。

ただ、「実現したいこと」を純粋に望めばよいのです。無邪気な子供のように……。

あとがき

少し遡ると、2000年の初頭から、名経営者と呼ばれる人たちの書籍や考えに少しずつ触れるようになり、また併せて坐禅を始めたこともあって、「会社が経営者の心を反映したもの」であることを少しずつ感じていました。

そして、それをさらに強く感じたのは、当時勤務していたモーター会社の経営権が、2007年にM&Aによって「日立製作所」から「日本電産」のグループ会社に変わったときでした。まず、経営者の言動が変わり、次に経営幹部が変わり、さらに管理職やリーダーが…というように続いていき、僅か半年あまりで、会社の中や会社の業績が大きく変化しました。

また、2013年からは、経営コンサルタントとして、頻繁に経営者や経営幹部の方々と接するようになり、「会社という現実もまた、経営者や経営幹部の心が見事に反映されているなぁ」という実感を日々深めています。

しかし、それだけに、「経営テクニックや経営理論を駆使してある程度までご支援ができても、あるところから先はどうしても〝心〟の問題を取り上げざるを得ない」と感じる場面も増えていきました。

そのため、それに必要なコンサルタントメニューを整備し、またクライアントの皆さんには、本書で紹介したような内容も断片的に説明しながら、経営施策の実行を補強してきました。ただ、いつも感じていたのは、「現実が創られる仕組み」の全体像を、もう少し容易に理解できるようなツールの必要性です。また、「直接支援できる社長や企業には限りがあるため、もう少し幅広い人たちに役立つ形態にしたい」という思いもあって、今回の執筆に至りました。

他方、私自身、本を書くのは初めての体験で、多くのチャレンジがありました。気がつくと、モンキーマインドが勝手に走り出し、「本を書く必要なんてないんじゃないか」、「誰も読んでくれないんじゃないか」、「私にはやっぱり無理かも」…といった声を何度となく聞いてきました。その度に、「黙れ！」「お前の好き勝手にはさせない！」、「I can do it！」という言葉を自分自身に投げかけ、また、「書店に並ぶ本の風景」と「皆さんの人生が豊かになっていく場面」を何度も視覚化し続けた結果、今こうして、人生の貴重な体験を1つ積み上げることができました。

一方、本が完成できたのは、家族や友人、お客様など、多くの方の協力があったお陰でもあります。また、本書の中で紹介した名経営や先哲たちが自らの苦心の末見出した深遠な思想や言葉の数々、医師や研究者、科学者たちの並々ならぬ探求心と観察力も必用不可欠でした。あらためて感謝申し上げるとともに、敬意を込め、巻末に参考書籍として著書を紹介させていただきました。機会があれば、ぜひご一読ください。

そして、とりわけ私の現在の学びの中心となっている「RSE」と、その教師である「ラムサ」の教えは、これら名経営者や先哲たちの思想の本質的な理解を深めたり、科学的な知識を統合する上で多くの情報とインスピレーションを与えてくれ、本書を書き上げるのに大きな助けとなりました。あらためて、深く感謝いたします。

なお、RSEでは、「望みの現実を創造」するために必要となる知識と、その能力を養うための実践的なワークを数多く提供しています。

詳しく知りたい方は、日本語のオフィシャルサイト「https://ramjapan.com/」を、ぜひご覧になってください。

最後に、「内にあるがごとき、外にもあり」。本書が、「皆さんが、心の魔力を存分に使い、より豊かな人生を創造していく」ための一助になることを、切に願っています。

合掌　平田　由幸

【参考書籍】（著者名の五十音順で記載してあります）

※A・H・マズロー　金井壽宏監訳…「完全なる経営」日本経済新聞社
※稲盛 和夫著…「心」サンマーク出版／「生き方」サンマーク出版
※イアン・スティーヴンソン著…「前世を記憶する子供たち」日本教文社
※エベン・アレグザンダー著…「プルーフ・オブ・ヘヴン」早川文庫
※江本 勝著…「水は答えを知っている」サンマーク文庫
※クリーヴ・バクスター著…「植物は気づいている」日本教文社刊
※ジム・アル＝カリーリー、ジョンジョー・マクファデン著…「量子力学で生命の謎を解く」ＳＢクリエイティブ
※スティーブン・R・コヴィー著…「7つの習慣」キングベアー出版
※デイヴィッド・イーグルマン著…「あなたの知らない脳」ハヤカワ文庫
※中村 天風著…「ほんとうの心の力」ＰＨＰ／「運命を拓く」講談社文庫
※Nami Barden、河合 克仁著…「世界中の億万長者がたどりつく「心」の授業」すばる舎
※ブルース・リプトン著…「思考のすごい力」ＰＨＰ
※ブロニー・ウェア著…「死ぬ瞬間の5つの後悔」新潮社

参考書籍

※松下 幸之助著…「素直な心になるために」ＰＨＰ／「松下幸之助が語る「経営の哲学」（ＣＤ）ＰＨＰ／「人間を考える」ＰＨＰ／「松下幸之助「1日1話」」ＰＨＰ
※安岡 正篤著…「知命と立命」プレジデント社／「活眼活学」ＰＨＰ／「安岡正篤一日一言」致知出版
※矢作 直樹著…「人は死なない」バジリコ
※山田 克哉著…「$E=mc^2$ のからくり」講談社
※ラムサ著…「ラムサ ホワイトブック【改訂版】」フューチャーナウ・パブリッシング

著者略歴

平田　由幸（ひらた　よしゆき）

株式会社ビーワン・クリエイト 代表取締役。中小企業診断士。

ブレない経営軸を構築するため、経営と心の両面の問題を扱う異色のコンサルタント。

前職では、開発者・プロジェクトマネージャー・管理者という、様々な立場で複数の“世界初”、”日本発“の製品を世に送り出してきた。また、その途中でM&Aにより経営権が「日立製作所」から「日本電産」に移ったのを機に、短期間で業績や組織を劇的に変える貴重な経験を積んできた。

2013年に経営コンサルタントとして起業して以降は、8年で180社以上のコンサルティング実績。

他方、10年以上にわたり、国内の「寺院」、「神社」、「内観道場」はもとより、「インド」や「米国」に何度も足を運び、自己の内面を見つめる様々な訓練や知識の習得を通して、心が現実を創り出す仕組みやその実践方法について研究してきた。

これらの豊富な経験と知識に基づいた、体系化された理論と独自ツールを用いて、変革を望む企業を、経営と心の両面から支援しており、多くの経営者・経営幹部より絶大な支持を得ている。

株式会社ビーワン・クリエイト

公式サイト：https://www.beone-c.com/

お問合せ：info-all@beone-c.com

次代をブレずに生き抜く！　豊かな人生を創る心の魔力
—なぜ、名経営者たちは「心」と「宇宙」を語るのか

2021年5月18日 初版発行

著　者　平田　由幸　© Yoshiyuki Hirata

発行人　森　　忠順

発行所　株式会社 セルバ出版
〒113-0034
東京都文京区湯島1丁目12番6号 高関ビル5B
☎ 03（5812）1178　FAX 03（5812）1188
http://www.seluba.co.jp/

発　売　株式会社 三省堂書店／創英社
〒101-0051
東京都千代田区神田神保町1丁目1番地
☎ 03（3291）2295　FAX 03（3292）7687

印刷・製本　株式会社 丸井工文社

Printed in JAPAN
ISBN 978-4-86367-656-5